【文庫クセジュ】

脱成長

セルジュ・ラトゥーシュ著
中野佳裕訳

Que sais-je?

白水社

Serge Latouche, *La décroissance*
(Collection QUE SAIS-JE ? N° 4134)

目次

序章　起源と意味

「脱成長（décroissance）」という語が経済・社会分野の議論で使用されるようになったのは、ごく最近のことである。しかし、この語に含まれる思想の起源は古い。二〇〇六年以前の社会科学事典には、脱成長に関連する用語（「ゼロ成長」「持続可能な開発」「定常状態」）は登録されていたが、脱成長という表現自体は見られなかった。[1] この言葉が政治とマスメディアの世界に影響をもつようになったのは、急進的なエコ社会主義の思潮が遅ればせながら二〇〇一年にフランス、それから他のラテン語圏諸国に誕生

1 例えば、一九九五年にダロズ社から出版された社会科学事典（Beitone 他編）を参照されたい。今では脱成長（décroissance）という語は、*Dictionnaire des sciences humaines*（Paris, Puf, 2006）、*Le Petit Alter*（Attac 編、Paris, Mille et Une Nuits, 2006）、*Décroissance. Vocabulaire pour une nouvelle ère*（Giacomo d'Alisa, Federico Demaria, Giorgos Kallis 編、Neuvy-en-Champagne, Le Passager clandestin, 2015. 本書は、英語の *Degrowth A Vocabulary for a New Era*, London, Routledge, 2014 のフランス語訳である）、そして *Dictionnaire de la pensée écologique*（Dominique Bourg et Alain Papaux 編、Paris, Puf, 2015）に登録されている。

し、続いて「良心的な経済成長反対者」による様々な運動が台頭してからだ。脱成長という言葉自体が問題を起こさなかったわけではない。この語は曖昧さを回避できなかった。その曖昧さは悲劇的ではないが、よく意識しておくとよいものだ。この語は文字通りの意味で理解される可能性がある。つまり、国内総生産（GDP）——富を測定するものとして盲目的に崇拝されている統計指標——の成長曲線を真逆にしたものという意味で、だ。あるいはこの語は象徴的な意味で理解される可能性もある。つまり経済成長イデオロギー、生産力至上主義から抜け出すという意味だ。この曖昧さは、経済成長という語がパフォーマティブなスローガンであると同時にリアリティであるという両義性から生じている。経済成長はある種の信仰でもある。それは、際限のない進歩に対する信仰であり、際限のない資本蓄積が可能であり望ましいという考えに対する信仰なのだ。したがって、脱成長はこの信仰を冒瀆する言葉でしかないといえる。

1　脱成長についての短い歴史

脱成長という語は、概念ではない。また、経済成長の対義語でもない。脱成長は何よりも論争的な政治的スローガンである。その目的は、我々に省察を促して限度の感覚を再発見させることにある。特に留意すべきは、脱成長は景気後退やマイナス成長を意図していないという点だ。したがって、この語は文字通りの意味で受け取ってはならない。縮小するために縮小することは、成長するために成長するのと同じように馬鹿げたことだ。「脱成長派」――脱成長運動の賛同者のことを人々はそのように呼ぶ――は、生活の質、空気や水の質、そして経済成長のための経済成長が破壊してきた多くの物の質を向上させることを望んでいる。スローガンを超えてより厳密に述べるならば、「無神論（athéisme）」や「不可知論（agnostique）」という言葉に見られる、この「a」というギリシア語の欠性辞を使って、脱成長という語を「経済成長を崇拝しない態度（acroissance）」を指す語として使用しなければならないだろう。まさしく、進歩・発展という信仰や宗教を捨て去ることなのだ。経済成長や経済について無神論者になるか、少なくとも不可知論者になるべきだ。持続可能な開発（次章で検討するように、有害な矛盾だらけの言葉だ）の紋切り型の表現と決別する必要性は、経済発展パラダイムを批判する者たちやポリティカル・エコロジーのあらゆる潮流が痛感しているところである。脱成長というスローガンが偶然にも提案されるようになったのは、そのためである。[1] 社会の在り方をめぐる議論の中に投じられたこの新しい言葉が提起する断絶は、言葉の領域と物の領域の両方に及んでいる。それは想念の「脱植民地化」と、もう一つの可能な世界の構築を意味している。

---

1 «La décroissance», *Silence*, février, 2002.

一連の出来事の連鎖には偶然の要素もあるが、消費社会と経済成長主義に代る正真正銘のオルタナティブを提案する急進的な運動は、「歴史的」と形容して差し支えない必要性に応答している。超自由主義の勝利とマーガレット・サッチャーの有名なＴＩＮＡ（There is no alternative＝市場化以外に選択肢はない）という傲慢な宣言に直面し、一九六〇年代以降独自の活動を行っていた反開発派とエコロジー派の小さな集団は、ほぼ内密に行っていた理論的批判にもはや満足できなくなっていた。さらに反開発派に関しては、「第三世界主義者」だけに向けた理論的批判に飽き足らなくなっていた。さて、単一的思考のイデオロギーの勝利のもう一つの顔は、国際社会で合意を得た「持続可能な開発」というスローガンに他ならなかった。このスローガンは、地球生態系危機に直面した経済成長という名の宗教の救済を試みていた米国の産業ロビー団体の圧力の下で、国際連合環境計画（ＵＮＥＰ）が推進した撞着語法である。グローバル・ジャスティス運動もこの撞着語法の中に完全にはまり込んでいるように思われる。

そのため、グローバル化した資本主義経済に、文明論的な別のプロジェクトを対置させることが急務だった。あるいは、より正確に言うならば、地下水脈として長年にわたって温められていた文明構想をより明確に可視化しなければならなくなったのだ。したがって、脱成長というスローガンは何よりも、支配的な生産力至上主義の秩序に対する隷属と惰性化した合意を打ち破ることを目的としている。脱成長運動は、「開発を解体し、世界を再生する」[1]という国際会議で誕生した。この会議は、フランソワ・パルタン[2]の仲間たちによるアソシエーション「地平線（La Ligne d'horizon）」が主催し、二〇〇二年三月にユネスコ本部で行われた。これが脱成長の知的冒険の始まりだった。このことは数か月後に隔月誌『脱成長（*La Décroissance*）』の誕生によって確認されることになるのだが、この雑誌の刊行は脱成長運動に大きな反響を引き起こした。突如として脱成長という語は、生態学的にみても社会的にみても持続不可能な消費社会に代る本当のオルタナティブの構築を望むすべての人々をつなげる合言葉となった。今や脱成長は、経済成長社会と決別する必要性を意味し、「節度ある豊かさ（abondance frugale）」を享受する文明を到来させる「パフォーマティブな物語作用」を形成している。

したがって、何人かの著者がほのめかしたように[3]、脱成長を持続可能な開発の一変種とみなすことは、脱成長の企ての意義と狙いを歴史的にも、理論的にも、政治的にも歪めることになる。発展途上国に対する生産力至上主義的な「開発主義」との決別、そして反開発運動とエコロジー運動の融合。これら二つの潮流は、持続可能な開発の欺瞞の声を無視できなくなり、支配的な社会モデルに代るこのオルタナティブ社会の企ての基礎となった。

---

1 この国際会議の記録は、*Défaire le développement, refaire le monde* (Lyon, Parangon, 2002) という題で出版された。

2 フランソワ・パルタン（François Partant, 1926-1987）、銀行家・開発専門家。一九六〇年代に体制側を離れ、フランスにおけるオルタナティブ運動の精神的指導者かつ脱成長の先駆者となった。

3 例えば、E. Zaccai (éd), *Sustainable Consumption, Ecology and Faire Trade*, Londres, Routledge, 2007.

では、往年のケインズ主義に匹敵するような、新古典派理論に異議申し立てする別の経済学パラダイムはあるのだろうか？　一部の学者は、ニコラス・ジョージェスク゠レーゲン（一九〇六―一九九四）の「生物経済学」プロジェクトにそのような役割を期待している。[1]　経済成長社会における超自由主義的管理とは異なる様々な経済政策が存在するのは明らかだ。その証拠に、ケインズ主義的・フォーディスト的調整が成功した「栄光の三〇年」（一九四五―一九七五）と呼ばれる時代がある。しかし、経済成長が起こらない経済成長社会――一九八〇年代末以降の先進工業国が多かれ少なかれ陥っている状況である――では、支配的な経済体制を再び問題にすることなく、そして生態学的危機を悪化させることなく、新自由主義政策に代替する経済政策を具体的に描くことは不可能であるように見える。

脱成長は、別の形の経済成長を企図するものでも、（持続可能な開発、社会開発、連帯的な開発など）別の形の開発を企図するものでもない。それは、これまでとは異なる社会――節度ある豊かな社会、（ドイツの経済学者ニコ・ペーチの言葉では）「ポスト成長」社会、もしくは（英国の経済学者ティム・ジャクソンの言葉では）「経済成長なき繁栄」[2]――を構築する企てである。言い換えると、脱成長は経済学的な企てでも別の経済を構築する企てでもなく、現実としての経済および帝国主義的言説としての経済から抜け出すことを意味する社会的企てである。「脱成長」という言葉は、複合的なオルタナティブ社会を構築する企てを意図している。そしてこの企ては明確な分析的・政治的射程を有している。

脱成長の意味をめぐる議論に戻ろう。「デクロワサンス（décroissance）」という語はかつて、ニコラス・ジョージェスク＝レーゲンが著した、エントロピー、エコロジー、経済学に関する論文集のフランス語のタイトルとして、著者の許可を得た上で使用されていた。[3] しかし、ジョージェスク＝レーゲンが〔英語の原文で〕用いていた言葉は declining だった。この英単語は、「décroissance」というフランス語から人々が理解するものを上手く表現していない。一九七〇年代のアンドレ・ゴルツ[4]の著作やベルナール・シャルボノー[5]の著作にも、décroissance という語が少しだけ登場する。しかし両者の著作においては、この語は生産活動の緩慢化や衰退を意味するだけである。彼らは生産活動の速度が緩んだり衰退したりするのを望ましいことだと考えていた。この二人の著者が経済学者ではなかったことは注目に値する。経済学者がこれらの現象について言及するとき、景気後退やマイナス成長のこととして語るだろう。なぜなら明らかにそれは彼らにとって望ましくないものだからだ。

---

1 M. Bonaiuti (éd.), *Roegen, la sfida dell'entropia*, Milan, Jaca Book, "I precursori della decrescita", 2017 を参照されたい。
2 T. Jackson, *Prospérité sans croissance*, Bruxelles, De Boeck et Etopia, 2010.
3 N. Georgescu-Roegen, *La Décroissance*, éd. et trad. J. Grinevald et I. Rens, Paris, Sang de la Terre, 1994.
4 ゴルツはこの語を一九七二年六月十三日のインタビューで使用し、その後、二回か三回ほど使用した。
5 B. Charbonneau, « Coûts de la croissance, gains de la décroissance », *Foi et vie*, 1974.

2　脱成長の意味

専門知識をもたない公衆にとって、デクロワサンス（décroissance）という語は大なり小なり文字通りの意味である国内総生産の縮小や減少、すなわち成長曲線の逆のことだと理解される。良心的な経済成長反対者の一部にもそのように考える人たちがいる（特にニコラス・ジョージェスク゠レーゲンの思想に言及する人たちがそうである）。これが問題を生じさせ、多くの誤解の源となっている。なぜなら脱成長の企てに敵対する人は皆、この意味で脱成長を理解しているからだ。脱成長の敵が脱成長派と違うのは、この言葉をパフォーマティブに用いずに、脱成長の破局主義的展望を非難して徹底的に叩こうとする点である。

確かに、デクロワサンス（décroissance）という言葉は、経済成長の奔流が減水する（デクリュ décrue）ことを意味する。しかしより具体的には、どの程度減水すればよいのだろうか？　脱成長派の立場を戯画化する人々が意図するのとは反対に、何でもよいのですべてを際限なく減らすべきだと主張する経済成長反対者はいない。重要なのは、生態系の再生産に見合う物質的生活水準に戻ることである。ここでさらに、経済活動において減らさなければならないものについて合意に達しなければならない。良心的な経済成長反対者の大多数は、経済成長社会で盲目的に崇拝されている指標――国内総生産（G

DP）――を放棄することを提案している。イタリアで「幸せな脱成長のためのマニフェスト」を草案したマウリツィオ・パランテは、はっきりとそのような立場をとっている。[1] 彼によると、GDP計算に入る商品ならびに商品化されたサービス（merci）――これらは有益（biens）ではなく、いかなる効用（utilité）も提供しない――の生産を減らし、GDP計算に入らない非市場の財・サービス（beni）――自主生産、贈与と互酬性に基づく交換――を増やさなければならない。[2]

---

1 M. Pallante, *La Décroissance heureuse. La qualité de la vie ne dépend pas du PIB*, trad. N. Rose, Namur, Nature et Progrès, 2011.

2 有益（biens）となる商品と有益とならない商品の区別は、理論的にも実践的にも問題を引き起こす。アダム・スミス以来、経済理論は効用（utilité）の中身に関するあらゆる倫理的準拠枠を取り除こうとしてきた。ワルラスは、需要が存在する以上、商品の効用は証明されていると主張している。つまり経済理論にとって、あらゆる商品は有益である。パレートは効用という語を追放し、それを「ophelimité（経済的な満足）」という語に置き換えることを提案した。経済学の文献では、「商品（merci, commodities）」という語と「財＝有益なもの（beni, goods）」という語は、ほぼ区別なく使われている。一方、社会学者や人類学者（ジャン・ボードリヤール、マーシャル・サーリンズ）にとって、人間の欲求（ニーズ）が文化的であることを考慮するならば、本物のニーズと偽物のニーズの区別に基づいて商品と財を区別することは不可能である。この道義的区別は修辞的論争においては有用かもしれないが、多少なりとも厳密な理論を構築しようとする際には脆弱な基礎にしかならない。反対に、ポール・アリエスによって精錬された考えは大いに賛同しうる。それによると、過剰消費のまた、シンプル・リヴィングの実践者やアグロ・エコロジストのピエール・ラビの弟子たちは、「財はより少なく、社会関係はより多く」[1]というスローガンで似たような主張をしている。しかし、内容はあまり正確ではない。あまり正確ではないというのは、経済学的観点からは、社会関係は商品化されたサービスを生産するものとして捉えられうるからだ。ともかく、財の削減は「持続可能性」を可能にするだろう。豊富な社会関係財〔＊訳注—社会関係資本構築に寄与する経済活動が提供する財・サービスのこと〕のおかげで、豊かさ（マウリツィオ・パランテの用語では「幸せ」）は減ることがないからだ。

厳密なエコロジストにとっては、GDPを減らすことよりも、生態系に対する我々の生活様式の負荷を示すエコロジカル・フットプリントを減らすことの方が重要だ。言い換えると、リサイクル不可能な廃棄と自然資源の搾取を減らさなければならない。この考え方に従えば、理論的かつ統計学的には、商品化された非物質的財（対人的サービスその他）が発展することで、再生不可能な資源の搾取や生物圏に対する負荷を増やすことなく、GDPはさらに成長することができるだろう。[2]

良心的な経済成長反対者にとって、持続可能なエコロジカル・フットプリントは回復しなければならず、それがGDP——その一貫性のなさと脆弱性は強調しなければならない——の削減によって実現することは否定できない。しかし、デクロワサンス（décroissance）の文字通りの解釈は、脱成長に敵対する者たちに脱成長を容易に無効化させることを許してしまう点で大変不都合である。特に、自然現象でありその意味で望ましい現象である「成長」という考えに対して抜本から反対を唱えることは、もはや偶像破壊的なのではなく、率直に言って馬鹿げた発想である。そこで自然界の有機体と自然界に存在しない経済体制――衰退と死を逃れ、そして地球生態系に埋め込まれていることから生じる諸々の帰結、つまり熱力学の第二法則（エントロピー法則）をも逃れると言い張っている経済体制――との違いを強調しなければならない。

脱成長を経済成長と対称的なものとして解釈することで、脱成長に反対する者たちは、それを景気後退と同一視してしまう。そして栄光の三〇年以降西欧経済が経験している数々の経済危機や長期的の経済恐慌が脱成長だと見なされる。確かに、強いられた脱成長である。しかし楽しくなく、穏やかでもな

制限を心掛け、共通善の政治を行うという点からいえば、必要最小限の財を無償で提供する一方で、すべての人が利用可能な量を超えた財（水、ガス、電気など）の消費を「間違った利用（mésusage）」と定義して非難しなければならない。詳細は、P. Ariès, *Le Mésusage. Essai sur l'hypercapitalisme*, Lyon, Parangon/Vs, 2007 を参照されたい。

1　P. Rabhi, *Vers la sobriété heureuse*, Arles, Actes Sud, 2010.

2　この立ち位置は、フランスの緑の党（Europe-Ecologie-Les Verts）、ジャン＝マリー・アリベー、アラン・リピエッツ、ＡＴＴＡＣ〔＊訳注―国際連帯税の導入を提唱するフランスの市民団体〕などによって支持されていた。つまり包括的な脱経済成長ではなく、選択的な脱経済成長（したがって選択的な経済成長）である。しかし、多くの研究は、非物質的財の生産が無視できない直接的・間接的な物質的効果を常に有していること、経済成長と生態系に対する負荷のデカップリングは現実的選択ではなくむしろ神話であることを証明している。

く、自立共生的でもない脱成長だ……。そこで、強制された望ましくない脱成長に対して、幸せな脱成長とはいわないまでも、望ましく穏やかだと呼べる脱成長を提案しなければならない。

3　脱成長プロジェクトの二つの源流

既に述べたように、経済・政治分野の議論で「脱成長」という語が使用されるようになったのはごく最近のことだが、この語によって推進される様々なアイデアは必ずしも新しいものではないし、独創的でもない。これらのアイデアは、一方では経済および近代の文化論的批判と、他方ではエコロジー的批判と結びついている。つまり脱成長が目指すプロジェクトは二つの思潮からなっており、それぞれの思潮には長い歴史がある。それは、技術と開発の批判の歴史と、エコロジー危機の意識化の歴史である。

その誕生以来、「熱工業」社会――（化石燃料を利用する）火力機械の使用に基づく社会――は、実に多くの苦しみと不正義を生み出した。そのため熱工業社会は多くの人々にとって望ましいものではなかった。工業化と技術は、ラッダイト運動――十九世紀前半の英国で起こった機械を破壊する運動――の時期を除けば今日までほとんど批判されることはなかったが、理論および実践としての経済の人間学的基礎である合理的経済人（ホモ・エコノミクス）は、すべての人文科学によってその還元主義的性格を批判されてきた。[1] この人間像の理論的基礎ならびに近代社会におけるその実践は、例えば当時誕生したばかりのエミール・デュルケーム（一八五八―一九一七）やマルセル・モース（一八七二―一九五〇）の社会学、カール・ポランニー（一八八六―一九六四）やマーシャル・サーリンズ（一九三〇―）の人類学、エーリッヒ・フロム（一九〇〇―一九八〇）やグレゴリー・ベイトソン（一九〇四―一九八〇）の精神分析学によって疑問に付されてきた。この事実からみて、脱成長というスローガンの背景にある、資源を浪費しない自律的な社会というオルタナティブなプロジェクトは、一朝一夕で生まれたものではない。初期社会主義のユートピア思想[2]にもシチュアシオニストが再生したアナーキズムの伝統にも遡ることなく、このプロジェクトは、フランソワ・パルタンはもちろんだが、その他にも、アンドレ・ゴルツ（一九二三―二〇〇七）、ジャック・エリュール（一九一二―一九九四）、ベルナール・シャルボノー（一九一〇―一九九六）、そして特にコルネリュウス・カストリアディス（一九二二―一九九七）とイヴァン・イリイチ（一九二六―二〇〇二）によって、一九六〇年代末以降、今と近い形で定式化された。南側諸国で開発が失敗し、北側諸国で社会の目標が失われたため、これらの思想家は消費社会とその想念の基礎

1　拙著 *L'invention de l'économie*, Paris, Albin Michel, 2005 を参照されたい。

2　ティエリー・パコが指摘するように、初期社会主義者の一部は脱成長の先駆者である。T. Paquot, *Utopie et utopistes*, Paris, La Découverte, « Repères », 2007, p. 33 を参照のこと。

である進歩・科学・技術を問い直し始めた。当然のことながらこの批判は「脱開発」の時代の模索へと向かった。しかし、脱開発の探求は特に第三世界諸国にその関心を注いでおり、北側諸国におけるその展望は、より典型的なものとしては、自主管理、自治、ラディカル・デモクラシーの領域に限定されていた。[1]

同時に、環境危機が意識されたことによって補完的な別の次元がもたらされた。経済成長至上主義の社会は望ましくないだけでなく、維持不可能でもある！　経済成長の限界に関する直観はトマス・ロバート・マルサス（一七六六―一八三四）まで遡り、その科学的根拠はサディ・カルノー（一七九六―一八三二）とその熱力学の第二法則（エントロピー法則）によって発見された。けれども、経済学におけるエコロジー的問いがルーマニア出身の偉大な知識人・経済学者であるニコラス・ジョージェスク＝レーゲンによって理論化され、同時に経済成長の限界を暴露するローマ・クラブの第一報告書（『成長の限界』）によって大きな話題になったのは、一九七〇年代に入ってからである。[2]　ジョージェスク＝レーゲンは、経済学がニュートンの古典力学モデルを採用することで時間の不可逆性を排除したと指摘する。しがたって経済学はエントロピー、つまりエネルギー転換／物質転換の不可逆性を無視している。そのため経済活動によって生産されるゴミや汚染は、経済学の標準的な生産関数の中に加味されない。一八八〇年頃に生産関数から土地が取り除かれ――新古典派経済学者は自然資源を自律的な生産要素とみなさず、資本の中に組み込む――、自然との最後のつながりが絶たれた。生物物理学的基層への準拠が消え去り、大多数の経済理論家によって概念化される経済的生産活動は、あらゆる生態学的限界に向き合わなくなったように思われる。その結果、利用可能な希少資源を無意識のうちに浪費し、豊富に流れる太陽エネルギーをあまり使用しないようになった。エコロジストのイヴ・コシェが言うように、「現代の新古典派経済理論は、生物学、化学、物理学の基本法則、特に熱力学の基本法則に対する無関心を数学的優美さによって隠している」[3]。言い換えると、理論的モデルとは異なり、実際の経済過程は純粋に機械的で可逆的な過程ではない。それはエントロピー的性質によって、時間の矢の中で機能する

1 G. Rist, M. Rahnema et G. Esteva, *Le Nord perdu. Repères pour l'après-développement*, Lausanne, Edition d'En Bas, 1992.

2 これら二冊の重要文献以前には、一九六二年に出版されたレイチェル・カーソンの『沈黙の春』とマレイ・ブクチンの『我々の総合的な環境（*Our Synthetic Environment*）』、そしてジャン・ドースの『自然が死ぬ前に（*Avant que nature meure*）』（一九六五）がある。同時期には生物学者ルネ・デュボと経済学者バーバラ・ワードによる『我々には一つの地球しかない（*Nous n'avons qu'une Terre*）』が刊行された。この本は、国連人間環境会議（ストックホルム、一九七二年）に向けて執筆された報告書である。

3 Y. Cochet, *Pétrole apocalypse*, Paris, Fayard, 2005, p. 147. 彼は、「一塊の純金は、海水に希釈された同じ数の金の原子よりも多くの利用可能なエネルギーを内蔵している」と自身の主張をまとめている（*ibid.*, p. 153）。脱成長の小史については、J. Grinevald, « Histoire d'un mot. Sur l'origine de l'emploi du mot "décroissance" », *Entropia*, n° 1, octobre 2006 を参照されたい。

生物圏で展開する。[1] ジョージェスク＝レーゲンにとって、有限の世界において無限の経済成長は不可能であり、伝統的な経済学を生物物理学に置き換える必要性、つまり経済を生物圏の中で考察する必要性は、ここから導き出される。[2] もはや生態学は経済学における外部性ではなく、経済学がその中で展開する母胎となる学問である。ケネス・ボールディングは、これらの結論を導き出した数少ない経済学者の一人だ。一九七三年の論文で彼は、自然資源の略奪と搾取に基づいて消費を最大化する「カウボーイ型経済」を、「宇宙飛行士型経済」と対比させている。後者にとって、「地球が唯一の器となり、そこから引き出す資源は際限なく埋蔵されておらず、汚染物質も垂れ流し続けることはできない」[3]。経済の拡大的成長は有限の世界で可能だと信じるものは、狂人か経済学者だと、彼は結論づけている。[4]

4 翻訳の難しさ——脱成長はラテン語圏特有の表現か？

「脱成長（décroissance）」という言葉は、それが置かれている意味論的領野を考慮すれば、ラテン語圏以外の言語に文字通り翻訳することは不可能であり、その含意もラテン語固有の文化的感性の外に移植することは難しい。スローガンとしては、この語は素晴らしい修辞学的発見だった。なぜならその意味は、特にフランス語では、まったく否定的な内容ではないからだ。かくして、氾濫する川の減水は良いことだと考えられる。自然主義的なメタファーは他のラテン語圏の言語では十分に通用する。[5] 明示的な意味は同じで、暗に示す意味も非常に近い。減らすためには、「信じることを止める（décroire）」こ

---

1 ニコラス・ジョージェスク＝レーゲンはさらに次のように述べている。「我々は「より良い、より大きな」廃棄物を生産しないことには「より良い、より大きな」冷蔵庫や自動車や飛行機を生産することはできない」(N. Georgescu-Roegen, *La Décroissance, op. cit.*, p. 63)。

2 ジョージェスク＝レーゲンは、エントロピー法則から生物物理学的含意を引き出した。この含意は既に一九四〇年代〜一九五〇年代に、アルフレッド・ジェイムス・ロトカ（一八八〇—一九四九）、エルヴィン・シュレディンガー（一八八七—一九六一）、ノーバート・ウィーナー（一八九四—一九六四）、レオン・ブリルアン（一八八九—一九六九）によって提出されていた。

3 D. Clerc, *Cosmopolitique*, n° 13, p. 17.

4 熱力学の法則を経済学に応用した先駆者の中でも、セルゲイ・ポドリンスキー（一八五〇—一八九一）の事例には言及しなければならない。ポドリンスキーは、社会主義とエコロジーを結びつけようとしたエネルギー経済学者である。フランスに亡命したこの貴族階級出身のウクライナ人は、〔資本主義の〕エコロジー的批判へとマルクスを誘おうとしたが、成功しなかった。ポドリンスキーはカタルーニャのエコロジスト／経済学者のホアン・マルチネス・アリエルによって再発見された。J. Martinez Alier et J.S. Naredo, “A Marxist Precursor to Energy Economics: Podolinsky”, *Peasant Studies*, n° 9, 1982 を参照されたい。

5 Decrescita（イタリア語）, decrecimiento（スペイン語）, decreiscment（カタルーニャ語）, decrescimento（ポルトガル語）, decrestere（ルーマニア語）.

とから始めなければならない。そこには信仰（croyance）と成長（croissance）の語彙としての近さが十分に確認される。反対に、他の言語への翻訳は、印欧語圏の諸言語さえ、恐るべき問題を生じさせる。英語に翻訳することの難しさは、西洋の専門家が「成長」や「発展」をアフリカ、アジア、アメリカ先住民の諸言語に翻訳する際に直面する難しさにほぼ等しい。文化が明確に変わり、したがって潜在する想像力が欠如するのだ。

「décroissance」の翻訳の難しさは、このようにして文化的想像力の差異を顕在化させる。[1]英語に関して、翻訳の難しさは、アングロサクソン文化圏において経済主義的精神が支配的であることから生じている。アングロサクソン人にとって、経済成長想念から抜け出す（そしてもちろん、資本主義からの具体的な脱出を考える）よりも、経済の領野から出ていくことで文明崩壊（collapse）をイメージする方が簡単だ。結局、採用されたのはdegrowthという粗雑な造語だ。ドイツ語やデンマーク語（印欧諸語）に翻訳する試みと比べたら間違いなく悪い訳ではない。フィンランド語、ハンガリー語や日本語への翻訳に苦労するのは言うまでもない。

日本は新興工業国が台頭する以前に西洋型経済成長を遂げた最後の偉大な社会であるが、その事例は興味深い。日本語では、持続可能な経済成長や人間のための経済成長など、別の形の経済成長や経済発展を表す言葉にあふれているが、これらの表現は概念の中心に経済成長を含んでいるので不適切である。したがって日本の翻訳者の一人は、décroissanceを「デクレッシェンド（decrescendo）」という言葉を使って表す考えを提案した。この語は音楽の分野で流通しており、脱成長の意味を上手く伝えることができる。この語は経済成長を意味しないので、概念的混乱を引き起こさずに脱成長のプロジェクトをもう一つの経済成長と区別することができる。[2]

1　一部の人によって ungrowth や dedeveloppement などの造語が提案されたが、それらは別の人々が用いる shrinking、decreasing、declining と同じく満足ゆくものではない。downshifting（ダウンシフティング）という英語は、シンプルライフを選択する人々によって用いられている言葉である。この言葉は脱成長プロジェクトの主観的側面をよく表している。Counter-growth という語が別の人によって提案されたが、これは客観的側面を上手く表している。アングロサクソン諸国では、人々は uneconomic growth（非経済的な成長）についても語っている。また、人々は way down、powerdown（リチャード・ハインバーグの著作のタイトルであり、そのメッセージは脱成長に極めて近く、脱炭素社会を推奨するものだ）、あるいは contraction や downscaling という語も提案した。ドイツ語の Schrumpfung や Minuswachstum もまた問題含みだ。

2　この音楽用語への参照は、ジャン＝クロード・ベッソン＝ジラールの著書 *Decrescendo cantabile* (Lyon, Parangon/Vs, 2005) と共振する。最終的に日本語訳は「脱成長」（経済成長からの解放）が採用された。G. Rist, *La Tragédie de la croissance*, Paris, Les Presses de Sciences Po, 2018, p. 10 を参照されたい。

5　追記

翻訳の難しさにも関わらず、脱成長という考えを通じて推進されるプロジェクトは、複雑かつ多元的な歴史と生誕地の言語学的境界を大きく超える分析的・政治的射程を有している。西洋の非ラテン語圏文化や世界の他の地域での翻訳が難しいからといって、脱成長という言葉が指し示すプロジェクトがこれらの地域で意味や重要性を持たないわけではない。[1] 脱成長プロジェクトは世界的な射程を持っている。なぜなら、グローバリゼーションによって、あらゆる社会は経済成長社会の大きな損害を経験しており、経済成長の想念は（リアリティではないにしても）何らかの形で存在しているからだ。しかし、〔経済成長想念の〕この明らかな普遍主義には慎重になるべきだ。ある観点からいえば、ゲルマン語圏やプロテスタント文化圏の国に関しては、この想念はラテン語圏よりもより強く潜在している。進歩の思想と際限ない経済成長という目標は、プロテスタント文化圏では十七世紀以来熱狂的に受け入れられた。他方でカトリック文化・ラテン語圏はそのような思想に対して長い間抵抗してきた。（進歩の思想は、一八六四年に発表されたローマ教皇ピウス九世の回勅『クアンタ・クラ』の中においてもまだ非難されていた。[2]）翻訳を難しくさせているのは、進歩や際限なき経済成長の思想がアングロサクソン・ゲルマン文化圏に強く内在しており、別の想念が抑圧されているからだ。この文化圏の思想家で近代の根本的批判を行う人たちは、経済成長よりも西洋文明を審問する。例えばオズヴァルト・シュペングラー、アーノルド・トインビーは西洋文明の「没落」を、ジョセフ・テインターやジャレド・ダイアモンドは「文明崩壊」を語っている。[3] したがって、脱成長のメッセージを翻訳することは可能だが、すべての翻訳において言えるように、オリジナルの意味を裏切るところがある。脱成長プロジェクトを地球規模に拡張していかねばならないが、それは多元的な形態をもってなされるべきだ。単一で一枚岩の展望を掲げるのでは

---

1 言葉の不在が物（事柄）の不在を意味するかどうかという問題は、宗教に関してライプニッツによって長い間議論されてきた古い問題である。インド系カタルーニャ人の神学者ライモン・パニカールは脱成長の先駆者であるが、同相写像的均等という概念を用いて洗練された対案を提案した。R. Panikkar, « Religion, philosophie et culture », *Interculture*, n°. 135, 1998, p. 104 を参照されたい。

2 正教会世界では、進歩と経済成長の拒否はさらに強烈だった。なぜなら教会が鐘楼の大時計と礼拝堂のパイプオルガンを悪魔の発明だとして禁止していたからだ。

3 **O. Spengler**, *Le Déclin de l'Occident* (1918)〔オスヴァルト・シュペングラー『西洋の没落　第一巻　形態と現実』『西洋の没落　第二巻　世界史的展望』村松正俊訳、五月書房、二〇一五年〕; Arnold Toynbee, *La Civilisation à l'épreuve* (1948)〔アーノルド・J・トインビー『試練に立つ文明』深瀬基寛訳、社会思想社、一九六六年〕; **Joseph Tainter**, *L'Effondrement des sociétés complexes* (1988); **Jared Diamond**, *L'Effondrement* (2005)〔ジャレド・ダイアモンド『文明崩壊――滅亡と存続の命運を分けるもの（上・下）』楡井浩一訳、草思社、二〇〇五年〕.

なく、様々な同相写像的な提案をしなければならない。[1]

非西洋社会にとって、問題はある意味もっと簡単だ。（根本的には西洋化を問い直すことである）脱開発と経済成長批判は、脱成長というスローガンの下でのみ表現されるうるものではない。そうだとしたら非合理的だろう。西洋と接触する以前の多くの（おそらくすべての）文明では、理論および実践としての経済はほとんど存在せず、経済成長という概念や物質的発展や個人の富裕化というテーマに結びついた豊かさの概念はまったくといって存在しなかったことを思い出すとよい。開発の専門家は、近代性を布教する使節である。彼らは南側諸国の想念を植民地化する開発事業の中で、様々な人々の「良い生活」のイメージを回収し、現地の言語には存在しない翻訳不可能な「経済成長‐経済発展」の二重表現を、土着の言語に翻訳しようと試みた。

完全な字義通りの翻訳は不可能であるし、望ましいものでもない。脱開発は必然的に多元的であり、各社会、各文化はそれぞれの仕方で生産力至上主義の全体主義から抜け出し、合理的経済人《ホモ・エコノミクス》という一次元的人間像に対抗して、多様なルーツ、伝統、展望に基づいた固有のアイデンティティを確立させなければならない。環境と社会関係を破壊する物質的豊かさが特権化されない社会的成熟の様式を探求する中で、欠けているのは経済成長‐経済発展に代わるスローガンではない。良い生活の目標は、様々な文脈に従って多様に変化する。[2] 大切なことは、今日地球規模に拡大した経済成長の庇護の下で永続化する破壊の事業との決別を、言葉で表現することである。これら独創的な創造は、世界のあちこちで具現化され始めてきており、脱開発の希望を開いている。

1 Décroissance という言葉の翻訳の問題の背後には、少なくとも唯名論と実在論の間の――より根本的には普遍主義と相対主義の間の――普遍論争以降、数世紀にわたって哲学者を分断し、大いに論じられてきた数々の問いがある。

2 この目標は、イブン・ハルドゥーンの言葉ではウムラン（umran）（成熟）、ガンディーの言葉ではスワデシ・サルボダヤ（swadeshi-sarvodaya）（すべての人の社会的条件の改善）、エチオピアのボラナ族の言葉ではフィドナー／ガッビーナ（Fidnaa/Gabbina）（十分に食べ、あらゆる心配ごとから解放された人間の晴れやかな姿）、〔セネガル、チャドの〕フウル族の言葉ではバンターレ（bamtaare）（共によく生きる）と名付けられうる。G. Dahl et G. Megressa « The Spiral of the Ram's Horn: Boran Concepts of Development », in M. Rahnema et V. Bawtree, *The Post-Development Reader*, Zed-Books, 1997, p. 52 以降を参照されたい。

第一章　なぜ消費社会から抜け出さなければならないのか？

人間はコスモス〔＊訳注―調和と秩序のとれた有機的宇宙、世界〕から出現し、その母胎である地球生態系と共生することによってのみ生存可能である。そのために、人間はその環境と物質代謝を行わなければならない。人間が摂取し、利用し、あるいは廃棄する様々な物質は、人間生活を構築する素材である。すべての社会と文化――近代西洋以外の――は、自然とのこの相互依存を認知し、生命循環を讃えていた。近代のみが世界を再構築・人工化するプロメテウス的プロジェクトを実施した。現代人の傲慢さは、トランス・ヒューマニズムのプロジェクトによって、人間を超える新たな種の再発明・再創造を望むまでに至っている。一次資源、道具、生産物など宇宙に存在するあらゆるものは、この超人類の構築の道具となっている。物質《マテリエル》の語源はラテン語の「母《マテール》」に由来するのに、母胎であるコスモス、母なる地球《テッラ・マードレ》は愚弄され、裏切られている。この造物主的プロジェクトにおいて、母なる自然――ギリシア人にとっての「ガイア」、アンデス先住民族にとっての「パチャママ」――は、略奪・蹂躙・否定され、最後にはゴミ箱に変えられている。

この再創造の幻想は、実践的次元および概念的次元の両方で相互影響的に起こった二重の断絶の結果である。つまり、テクノサイエンス的想念の出現と結びついた世界の人工化と、経済想念の出現と結びついた世界の商品化である。コスモスを巨大科学技術機構《メガ・マシン》に再構築する現代的実践は、世界の全商品化がなければ不可能だったろう。またその逆も然りである。

1　経済成長の二つの欺瞞

有機的成長は自然現象であり、異論の唱えようのないものだ。生命体の誕生・発達・成熟・衰退・死および再生産という生物学的サイクルは、植物相・動物相からなる環境と、物質代謝を行わなければならない人間という生物種が生存するための条件でもある。あらゆる人間社会が生物学的成長に対するまっとうな信仰を実践していたのに対して、近代西洋文明のみが抽象的な経済成長を宗教化した。経済機構、すなわち社会の生存のための機構は、もはや自然と共生することはなく、恥じらいもなく自然を搾取するパラダイムに埋め込まれており、その盲目的崇拝の対象である資本を増大させなければならないので、際限なく拡大する必要がある。資本の生産性は、ビジネスの巧妙な手口や欺瞞、すなわち多くの場合は労働者の労働力の搾取や自然の略奪の結果であるが、植物の生長と同一視される。資本制経済の再生産は、利子率と経済成長率を〔自然界の〕生殖能力と回復力と同じように扱う。資本制経済のこの神格化は、消費社会の不死伝説へと到達した。かくして我々は経済成長社会に暮らしている。経済成長社会は、拡大成長型経済に支配されている社会、拡大成長型経済に吸収される傾向をもつ社会と定義されうる。経済成長のための経済成長が、経済と生活の――唯一ではなくても――最大の目標となる。問題は、ニーズを満たすために経済成長をすること――それは良いことだろう――ではなく、経済成長のために経済成長をすることにある。

消費社会は経済成長社会の当然の帰結だ。それは三つの無制限の上に成立している。第一の無制限は、際限のない生産、すなわち再生可能な資源と再生不可能な資源の際限のない搾取である。第二の無制限は、ニーズの際限のない生産――すなわち薄っぺらな生産物の際限のない生産――である。第三の無制限は、ゴミの際限ない生産、すなわち廃棄物と（大気・土壌・水質）汚染の際限のない発生である。

2　経済成長と富の指標としてのGDPは幻想だ

経済成長はそれを測定する統計上の規模――国内総生産（GDP）――としばしば同一視され、その結果、異なる時期と異なる国の間での比較が可能となる。多くの場合、一人当たり国内総生産は世界の諸国民の幸福度の指標ではないにせよ、豊かさの指標として提示される。このような主張は大きく間違っている。国民の健康に強い影響を与える生産された富の分配を考慮に入れるべきであるというだけではない。[1] 生産された富を最も厳密に評価するためには、生産物から資本の減価償却分（評価することが難しいので、統計学者は無視する）を差し引いて、国内純生産を推計しなければならないからでもある。また、経済成長の生態学的コスト――経済学者の言語を援用するならば、「自然資本」の減価償却分――が忘却されてもいるからだ。

商品化され同化された財・サービスの総計として定義される国内総生産への執着によって、人々はあらゆる生産・消費をプラスの価値として勘定するようになる。有害なものや、有害なものがもたらす影響を中和するために必要なものも含めてだ。ジャック・エリュールは、「汚染に反対する産業への投資は物質的な豊かさを増やすことは決してなく、せいぜい維持することを可能にするのに対して、金銭的報酬を生むあらゆる活動は豊かさを生む付加価値として考慮される。差し引かれる価値の増加が付け加えられる価値の増加よりも大きいことは、間違いなく起こりうる」[2] と指摘している。ある一定の閾値

1　この点においては、トマ・ピケティ（*Le Capital au XXI*^{e} *siècle*, Paris, Seuil, 2013）〔トマ・ピケティ『21世紀の資本論』山形浩生・守岡桜・森本正史訳、みすず書房、二〇一四年〕の実証研究が説得的である。
2　J. Ellul, *Le Bluff technologique*, Paris, Hachette, 1998, p. 76.

を超えると、国内総生産の増加は豊かさを減少させる、ということが次第に確実視されるようになってきた。かくして、地球温暖化は今後、一年間に六〇〇〇億〜一兆ドルの費用を生み出す可能性がある。つまり、世界の国内総生産の三〜五％の費用である。二〇〇五年三月に刊行されたミレニアム・エコシステム評価報告書（国連）によると、「プラスの経済成長を経験した国の多くは、自然資源破壊を計算に入れた場合、富は低下するだろう」[1]。テキサス大学の報告書によると、二〇〇三年の米国では、交通渋滞だけで六三〇億ドルに相当する時間のロスと過剰消費が発生した。世界銀行によると[2]、ダカールの大気汚染と自動車渋滞は、セネガルの国内総生産を五ポイント上昇させた。産業医は、労働のストレスのコストがフランスの国内総生産の三％に相当すると推計している[3]。ワールド・リソース研究所は、自然資本に対する天引きを考慮した場合の経済成長率の減少を査定しようとした。インドネシアに関しては、一九七一年から一九八四年の間の平均経済成長率は年率七％から四％に下がった。森林破壊、石油・天然ガスの埋蔵地の開発、土壌の脆弱化という三つの要素を加味しただけでこの結果となったのだ。同様に、一九八五年の環境汚染の目録に基づくと、当時の西ドイツで生じた環境破壊の総計は国内総生産の六％に相当するだろうという計算結果が出た[4]。中国の科学アカデミーが提供する情報によると、「環境汚染と自然資源減少に関連する経済発展の見えないコストを計算に入れるならば、一九八五年から二〇〇〇年までの中国の国内総生産の平均成長率は八・七から六・五ポイントに減少せざるをえない」。だからといって、我々は「自然資本」の喪失分のすべてを補塡したと言えるだろうか？

生産性の増加——言い換えると技術の進歩の成果——を勝ち誇る様々な指標は、豊かさの進歩を否定できない仕方で示しているかのようだが、多くの場合は会計上の巧妙な手口の結果である。確かに、我々の食べ物は、農業生産性のおかげで、祖父母の時代の食べ物よりも一〇〇分の一の労働で作られるようになった。我々の高価な自動車は、親世代が使っていた自動車よりも二〇分の一の労働で生産可能だ。しかし、農産物加工業システムと自動車システムがもたらす社会的費用と環境コストの総計を加味する完全なバランスシートを作成するならば、その結果はそれほど輝かしいものではないだろう。[5] 農業に関して付随的損害（水の枯渇、地下水面の汚染、河川・海洋汚染、狂牛病、豚熱、その他感染症[6]）を加味

1 J-P. Besset, *Comment ne plus être progressiste...sans devenir réactionnaire*, Paris, Fayard, 2005, p. 194.
2 *Ibid.*, p. 283.
3 欧州委員会副理事のマルゴー・ウォールストームによると、「毎年、欧州連合加盟国は、ストレス関連病によって六億日分の労働日を無駄にしている」（*Le Figaro*, 24 mars 2006）。
4 H. Kempf, *L'Economie à l'épreuve de l'écologie*, Paris, Hatier, « Profil », 1991, p. 52.
5 一九五一年には自動車一台の生産に一四五時間の労働を必要としたのに対して、一九七九年には九八時間、現在では一二時間弱の労働で済む。
6 英国に関する『大規模集中型農業の隠されたコスト』というタイトルの研究によると、「一九九六年に英国の水道会社は、飲料水に含まれる農薬、硝酸塩、農業起源の病原体を消滅させるために三億三〇〇〇万ユーロを費やした」。（H.-R. Martin, *La Fabrique du diable. La mondialisation racontée à ceux qui la subissent*, deuxième

すると、経済成長の逆生産性は、イヴァン・イリイチがかつて自動車、学校、病院に関して明らかにした逆生産性に匹敵することがわかるだろう。[1]

これらの条件では、北側諸国の市民の大部分が良いものと考えている生活水準の上昇は、ますます幻のものとなる。彼らは商品化された財・サービスの購買の点から見ると確かにより多く消費しているが、そこからコストのより大きな上昇を差し引くことを忘れている――しかも生産力至上主義のプロパガンダが彼らに忘れるように仕向けているのだ。コストの上昇は多様な形態をとり、商品化された形態と商品化されない形態がある。例えば、数量化されないが経験される生活の質の低下（空気、水、環境）、現代的生活によって必要となった「補償」および回復のための費用（医療、交通、余暇）、希少となった食料品価格の上昇（ペットボトルの水、エネルギー、緑化空間など）である。[2] ドニ・バイヨンが指摘していることだが、「我々西洋社会に暮らす人間は、ここ数年来、三〇〇〇ユーロを稼ぐためにかくも自然に反する生活様式を採用し、身体的・精神的健康に対する破局的影響を補填することを（望みなく）試みるために二〇〇〇ユーロを出費しなければならない状況に置かれている」。[3] この「逆説」は一連の「オルタナティブな」指標によって立証されている。例えば、本当の進歩を測る指標、社会的健康を測る指標、環境に良い生産物、ケベック州の非商品的活動の域内総生産などがある。[4] フランスにおける抗うつ剤消費の悲惨な記録は、経済成長を通じて我々がはまり込んだ悪循環を例証している。現代的生活（労働条件、交通、環境など）が引き起こすストレスの増加に耐えるために、市民は薬を必要とし、それによって経済はさらに成長する。これらの条件の下では、豊かさの増加はほとんど神話といってもよい。

---

partie, Paris, Climats, 2003, p. 25)

1 I. Illich, *Energie et équité*, *in Œuvres complètes I*, Paris, Fayard, 2004〔イヴァン・イリイチ『エネルギーと公正』大久保直幹訳、晶文社、一九七九年〕.

2 一九九八年十二月二十二日付のル・モンド紙では既に次のような記事が書かれている。「過去二〇年間、フランスでは癌患者が男性で二五％増加――すべての先進工業国の中でも非常に急速な増加――、女性で二〇％増加、乳癌では六〇％増加している。一〇人に一人のフランス人女性がこの事実を知っている（第二次世界大戦直後は四〇人に一人の割合だった）。一人の男性が人生の中で癌に罹患する確率は今では四六・九〇％であるが、癌によって死亡する確率は、医療の進歩のおかげで二七・六％にすぎない」。今では、ベルポム教授の報告書のおかげで、癌が何に由来するのか知られている。「癌は我々の社会が作り出した病気であり、それは大部分において我々の環境の汚染によって誘引されてきたことがわかった」(D. Belpomme, *Ces maladies créées par l'homme*, Paris, Albin Michel, 2004)。フランスでは年間十五万人が癌で死亡しており、癌の原因の八〇〜九〇％は環境破壊によるものである。最近二〇年間において、癌患者は三五％増加した（*Le Monde*, 14 février 2004）。

3 Note de travail, p. 9.

4 J. Gadrey, F. Jany-Catrice, *Les Nouveaux Indicateurs de richesse*, Paris, La Découverte, « Repère », 2005 ; rééd. 2016.

3　持続可能な開発の罠

国連の環境と開発に関する世界委員会は、一九八〇年代にノルウェー首相を務めていたグロ・ハーレム・ブルントラント氏の指導の下で、一九八七年にある報告書を刊行した。この報告書には彼女の名前が付けられ、その中で持続可能な開発（sustainable development）が概念化された。将来世代のニーズを満たす能力を損なわずに現在世代のニーズを満たすことを可能にする経済開発のことである。急速に、持続可能な開発は、形容詞を伴ったりそうでなかったりする様々な開発のあらゆる希望を寄せ集める神話となった。持続可能な開発の公式の定義によれば、「経済的に効率がよく、生態学的に持続可能で、社会的に公平で、民主主義に立脚し、地政学的に容認されうる、文化的に多様な[1]」開発である。端的に言えば、シロツグミのように発見不可能な代物だ！　その人を騙す巧妙な手口によって、持続可能な開発は、その神話的な三つの柱（環境的持続可能性、社会的持続可能性、経済的持続可能性）と共に、大きな成功を収めた。持続可能な開発に言及することは、自然を守る人々の中でも最も安くつくものとなった。

しかし、形容詞の付かない単なる開発や従来型の経済成長とは違うように見えても、持続可能な開発は堅固な経済成長を前提としている。たとえその経済成長がグリーン（緑）の経済成長やエコロジカルな経済成長であると主張しなければならないとしても、だ。地球の保全にコミットしている多くの人々は、生態学的危機を否定する者たちに警告を促す行動を、個人レベルや集団レベルで起こそうとしているが、その誠実さゆえに、持続可能な開発の罠に嵌まっている。彼らはスローガンに囚われてしまい、持続可能な開発の目的から逸れた行動を非難し、結果的に「エコロジカルな偽善者」を利する行為を行っている。

本当のところを言うと、持続可能な開発という「概念」は、その誕生のときから曖昧さを帯びていた。「持続可能な」という形容詞は、永続的に保全されなければならない自然を指しているのか、それとも専ら経済発展の特徴を示すものなのか? 地球は有限なので経済発展が際限なく持続することは可能ではないようだが。既に確認したように、持続可能な開発は形容矛盾である。正反対の意味を持つ二つの用語をつなげるこの表現法は、我々の批判的感覚を鈍らせると同時に誘惑する。二〇〇六年九月三日にマルセイユで開催された「若者たちの夏期大学」で、当時フランス大統領選の候補者だったニコラ・サルコジが行った演説は、持続可能な開発のこの曖昧さをよく例証している――「持続可能な開発はゼロ経済成長ではない。持続可能な経済成長だ」と彼は断言した。このような例はいくらでも挙げられる。本当のところは、我々に良いエコロジー意識を与えながら経済成長の被害を受け入れさせなければ

1 C. Aubertin, « Johannesburg : retour au réalisme commercial », *Ecologie et politique*, no. 26, 2002, p. 9-28.

ばならないのだ。

擁護者の一部が主張していることとは反対に、持続可能な開発はその本来の意味と機能から逸脱したのではない。彼らの言い伝えでは、持続可能な開発は誠実なエコロジストによって導入されたが、その後、グリーン・ウォッシングを企む多国籍企業と良心の欠片もない政治家によって形骸化してしまったという。この神話は長い間信じられているが、事実に反する。「持続可能な開発」は文字通り洗剤の新しい商標として導入され、一九九二年六月のリオ・デ・ジャネイロ第一回地球サミットにおいて、カナダの石油王であり国際連合環境計画（UNEP）事務局長だったモーリス・ストロングによって「演出」されたのだ。この操作は期待をはるかに超えた成功を収め、ATTACの批判的知識人やエコロジストを含め、多くの人々が騙された。自文化中心主義的で文化殺戮的な開発は、植民地主義と帝国主義の暴力が結びついた魅力によって〔非西洋社会に〕押し付けられ、（アミナタ・トラオレ[1]の素晴らしい表現によれば）真の「想念の侵犯」を犯した。「持続可能な」という形容詞に対しても同じことが起こったのだ。階級闘争と政治抗争は言葉の領域においても展開する。ほんのわずかな意味のニュアンスを加えるだけの場合であっても、だ。

かくして一九七〇年代末には、持続可能な開発は、一九七二年のストックホルム会議で採用された「エコ・ディヴェロップメント」というこれもまた曖昧な表現に勝利した。この目立たない変更は、米国の産業ロビー団体の圧力とヘンリー・キッシンジャーの個人的介入の影響を受けた結果、舞台裏で行われた。経済学者イグナチ・サックスが提唱したエコ・ディヴェロップメントは、「エコ」をより優先し、「開発」をあまり強調していなかったようにみえる。第三世界諸国が一九七四年のココヨック会議の主導権を握り、新国際経済秩序を要求してからは特にそうだった。言葉の論争の背後には、〔知識の相違だけでなく〕観念、世界認識、利害関係の相違が働いているのだ[2]。

持続可能な開発は、あらゆる政策において高らかに言及されているが、エルヴェ・ケンプが指摘するように、「社会の方向をほとんど修正することなく、利潤維持と〔支配的な経済活動の〕慣行の変革の回避のためにしか機能しない[3]」。当時フランス企業連合（Medef）の会長を務めていたローランス・パリゾは、「我々にとって、何らかの脱成長へ向かうのは論外だ。企業経営者の多くが望むプロジェクトは

1 A. Traoré, *Le Viol de l'imaginaire*, Arles et Paris, Actes Sude et Fayard, 2002.

2 オルタナティブな運動もこの対立から逃れられない。アラン・リピエッツは、「私はかつて開発という言葉を侵犯していた「経済成長」という言葉に反対して戦っていた。今日では、脱成長という言葉に反対して闘っている」。*Cosmopolitique*, n° 13. P. Canfin, *Peut-on faire l'économie de l'environnement ?*, Rennes, Apogée, 2006, p. 117.

3 H. Kempf, *Comment les riches détruisent la planète*, Paris, Seuil, 2007〔エルヴェ・ケンプ『金持ちが地球を破壊する』北牧秀樹・神尾賢二訳、緑風出版、二〇一〇年〕. さらに彼は、「しかし、我々の方向転換を妨げているのは、利潤と慣行である」と付け加えている。

持続可能な開発、すなわち、経済成長——最大限、環境にやさしい経済成長、持続可能な経済成長——を常に達成する能力を発展させるプロジェクトだ。さらに、生態学的課題に直面し、我々は新しい技術に常に投資する必要もある」[1]と宣言した。

持続可能な開発を推進する中心人物の一人であるステファン・シュミットハイニーがシリアル・キラーであったという事実は、この偽りの概念の欺瞞を批判するために何年も論戦を繰り広げてきた人々にとってはとても良いニュースだ。このスイスの大富豪は、持続可能な開発のための経済人世界会議（WBCSD）——地球最大の汚染者たちの集まり——の設立者であり、モーリス・ストロングの友人であり、一九九二年のリオ・デ・ジャネイロ会議の立役者である。彼は自身のウェブサイトで自らのことをエコロジー慈善家と紹介しているが、イタリアのカザーレ・モンフェッラートのアスベスト裁判で弾劾された企業エテルニット社の元オーナーである。[2]ミラノの法廷で懲役一八年を命じられた産業人と、産業的エコロジーと企業の社会的責任の推進者は、同一人物なのだ。フランスの元環境大臣のイヴ・コシェは、他の多くのエコロジストよりも聡明である。彼は、WBCSDが環境にやさしいふりを装って経済的利潤を維持することに執心する産業人の集まりであり、「白い詰襟シャツを着た犯罪人のクラブ」にすぎないことを予見していた。[3]それ以来、「持続可能な開発」という商標は多くの産業人にとって色褪せたものとなり（政治家の間ではそうではないが……）、今やフランスでは、もう一つの形容矛盾である「緑の経済成長」という表現が好んで使われている。ハーマン・デイリー、ニコラス・スターン、ドミニク・ブール、ニコラ・ユロなど、持続可能な開発の支持者の多くは、真面目な知識人たちの界隈にみられるが、彼らは慎重にこの語の使用から遠ざかっていった。この語に頑なにこだわる知識人たちもまだいる。

ティエリー・パコがまさに述べているように、「「持続可能」にしなければならないのはこの「開発」

---

1 C. Biagini, *L'Emprise numérique. Comment Internet et les nouvelles technologies ont colonisé nos vies*, Montreuil, L'Échappée, 2012, p. 328.

2 シュミットハイニーは、一九九二年の地球サミット開幕直前にリオ・デ・ジャネイロで発表したマニフェストを出版した。そのマニフェストで彼は、「方向転換を行い、企業の発展と環境保護を和解させる」、「企業経営者として、我々は持続可能な開発という概念に賛同する。この概念は、将来世代の機会を損なわずに人類のニーズに対応することを可能にする」と主張している（*Changer de cap*, Paris, Dunod, 1992, p. 11）〔ステファン・シュミットハイニー『チェンジング・コース――持続可能な開発への挑戦』BCSD日本ワーキング・グループ訳、ダイヤモンド社、一九九二年〕。さらに彼は、「自由で競争的な市場システムの働きは、価格が他の経済的要素に加えて環境コストを反映するので、持続可能な開発の基礎となる」と述べている。しかし、この環境コストの価格への統合は、相対的希少性、資本と自然の間の完全な代替性、および環境効率性のゲームによってほぼ自動的になされる。

3 Y. Cochet et A. Sinaï, *Sauver la Terre*, Paris, Fayard, 2003, p. 132.

ではなく、開発すべきは「持続可能性」の方だ」[1]。さて、経済発展は、その双子の経済成長と同様、まったく持続可能ではなく、歴史的スケールで見るならば「一瞬の花火」[2]にすぎないだろう。

4 アブスルディスタン——経済成長は持続できない

経済成長社会は、資本主義的生産に基づく経済の到達点である。既に指摘したように、この経済体制は三つの無制限の上に成立している。一つ目は際限のない生産、つまり再生可能および再生不可能な自然資源の際限のない収奪。二つ目は際限のない消費、つまり人工的で表面的な新しいニーズの際限のない創出。三つ目はゴミの際限のない生産、つまり大気・水・大地の際限のない汚染だ。これら三つの汚染の破滅的影響はますます顕在化している。例えば、温室効果ガスの排出に伴う気候変動、大気中に粒子状物質や内分泌かく乱性物質（放射性物質[3]も忘れてはならない）が充満することで起こる癌・喘息・肥満・肺疾患・心血管トラブル・生殖に関する病気の蔓延、水源・河川・海洋の死滅、砂漠化、農薬・化学肥料汚染による土壌破壊などである。

しかし、この限度を失った経済活動の背景には、近代が先天的にもっている節度の感覚の喪失という根本的な問題がある。啓蒙主義哲学によって近代は、超越、伝統、神の啓示から人間を解放し、旧体制《アンシャン・レジーム》の耐えがたい恣意的規範――その束縛は宗教的不寛容の事実によってある時期、悪化した――を、人間の本性すなわち理性に基づくルールに置き換えることを主張した。これにはまっとうな理由がなかったわけではない。この点から見て、人権宣言と共に始まった一七八九年のフランス革命が辿った道は、啓蒙主義のプログラムの一環を成すものだ。フランス革命は、人々が享受してやまない「愛しい自由」をもたらした。ただ、何を行うための自由だろうか？　疑うべくもなく、自由に考え行動することである。しかし、それはまた、恥じらいもなく自然を破壊し、地球を滅茶苦茶にする自由、厚顔無恥に他者を搾取する自由でもあった。既に憲法制定議会において、人権宣言に義務宣言を結びつけたり、無制限の禁止に限度を設けたり、諸権利の行使に規範の設定を求めたりする様々な声が挙がっていた。最終的に一七九五年に、国民公会は、恐怖政治の暴走の後、憲法を制定したが、この憲法はありきたり

1 T. Paquot, *Alterarchitectures Manifesto*, Les Lilas, Eterotopia, 2012, p. 25.

2『シャドウ・ワーク』おけるイヴァン・イリイチの表現である。(Ivan Illich, *Le Travail fantôme in Œuvres complètes II*, Paris, Fayard, 2005.)〔イヴァン・イリイチ『シャドウ・ワーク――生活のあり方を問う』玉野井芳郎・栗原彬訳、岩波書店、二〇〇六年〕

3 軍事利用もしくは民事利用された核エネルギー産業の副産物である。大気中に放出された放射性物質は、広島に落とされた原子爆弾の二万発に相当するが、発癌性物質であり、突然変異誘発要因であり、奇形発生要因である（生物を肥大化させる）。

のことを言い表すにとどまっており、反響もなく長続きはしなかった。道徳的義務は条例によっては上手く普及せず、自然の限界は既に超過したときに初めて知らされる。

理性に関しては、近代合理主義、すなわち経済的・技術的無制限の道を辿ることもあれば、道理性、すなわち節度を保つ道を辿ることもある。結果的に、一七八九年の立憲派が下した最初の決断の中には、コルベール[1]が採用した環境保護に関する諸規則〔森林保護に関する法規や都市計画に関する諸規則〕の破棄、結社の違法を制度化する同業者組合の解体〔アラルド法、ル・シャプリエ法〕があった。これらの政策は、重農主義の原則とレッセ・フェール〔自由放任〕を標榜する自由主義的ドグマの影響を受けたものであるが、労働者組合の結成を阻み、自然の抑制なき搾取の基礎を作った。この事実から、近代社会を支配する主要な制約は、多くの場合、宗教的伝統とか、コモン・ディーセンシー〔＊訳注—社会で共有された良識〕という民衆の伝統と結びついている前近代の慣習の遺産である。グローバリゼーションが徹底的に破壊したのは、過去二世紀の様々な社会闘争によって強化もしくは拡大され、部分的に再活性化されたこれらの〔前近代から継承した〕制約である。

近代の核心には限度の無さがある。限度の無さは地理的、政治的、文化的、生態学的、科学的、さらには倫理的な領域に及ぶ。しかし、これらすべての形態の限度の無さは、最終的に経済における節度の欠如に行き着く。[2]かくして、近代啓蒙主義の解放のプロジェクトに反して、現代社会は人類史上最も他律的な社会となった。現代社会は金融市場の独裁と資本主義経済の「見えざる手」、そして「テクノサイエンス」の法則に従属している。その証拠に、世界の人工化は人間のまさにそのアイデンティティを破壊するまでに至っている。テクノサイエンスの積極的推進によって偽りの自律性を構築しようとするプロジェクトは、超人間主義《トランスヒューマニズム》に到達した。すなわち、宇宙への大量脱出による地球の無人化である。人間を制限する生物学的な壁を乗り越えることで、人間の遺伝的・宇宙的条件と結びついた足かせから人々は解放されてきている。聖性を技術合理主義に、そして何よりも経済合理主義に置き換えることで、我々は感覚《サーンス》、特に良識《ボン・サーンス》を失ってしまった……。資本主義経済および金融のグローバリゼーションは、公正で持続可能な社会の構築の対極にある絶対自由主義の政策に到達した。なぜなら資本主義システムは節度の欠如の上に成立しているからだ。

我々は極めて危険な状況にある。なぜなら経済の過剰な成長は生物圏の有限性により一層直面しているからだ。地球の再生産能力は、経済的需要にもう追いつかなくなっている。人間は、自然が廃棄物を新たな資源に転換するよりも速いペースで資源を廃棄物に変えている。[3] カリフォルニアのリディファア

1 ジャン＝バティスト・コルベール（一六一九―一六八三）。ルイ十四世王政の大臣で、国家主導の経済成長政策の推進者。重商主義の伝統に属する。
2 拙著 *L'Âge des limites*, Paris, Mille et Une Nuits, 2012 を参照されたい。
3 WWF, rapport *Planète vivante*, 2006, p. 2.

イニング・プログレス研究所や世界自然保護基金（WWF）に勤める研究者は、我々の「エコロジカル・フットプリント」、すなわち我々の生活様式の環境に対する「負荷」を算出しようと試みた。我々はこのフットプリントを、地表面積――つまり、我々の消費の再生産を保証するために必要な「生物生産空間」――に換算して測定することができる。地球上で利用可能な全地表は五一〇億ヘクタールまでだ。しかし、生物生産空間、つまり人間の再生産のために利用される空間は、その全体の一部分にすぎず、約一二〇億ヘクタールである。[1] 今日の世界人口で割ると、利用可能な生物生産空間は一人当たり約一・八グローバル・ヘクタールだ（つまり、サッカー・グラウンド約二つ分の面積である）。物質とエネルギーのニーズ、生産・消費から出される廃棄物やゴミを吸収するために必要な地表（一リットルのガソリンを燃やす度に、二酸化炭素を吸収するために一年間に五平方メートルの森林が必要である）を考慮し、さらに住居と必要な生活基盤の影響を加えると、自然を利用する権利における公平性の観点からも、生物圏の環境収容能力の観点からも、持続不可能な結果となる。人類のエコロジカル・フットプリントの平均は、二〇一〇年以降、二・〇グローバル・ヘクタールを超えている。したがって人類は、仮に世界人口が一定だとした場合、持続可能な文明様式の道を既に外れてしまっているのだ。我々は今や借金を抱えて生活しているのである。

さらに、エコロジカル・フットプリントの平均値は、非常に大きな格差を見えなくしている。米国市民は一人当たり約九・〇グローバル・ヘクタール、カナダ人は一人当たり七・〇グローバル・ヘクタール、ヨーロッパ人は一人当たり約四・〇〜六・〇グローバル・ヘクタールを消費している。米国人は一人当たり約九〇トン、ドイツ人は一人当たり約八〇トン、イタリア人は一人当たり約五〇トン（つまり一日当たり一三七キログラム）の自然資源を利用している。[2] 言い換えると、既に人類は、生物圏の再生産能力を五〇％近く超えた自然資源を毎年消費しているのだ。各国の利用可能な生物再生産空間には大きな差異があるにしても、我々は持続可能性からは程遠く、地球規模の平等に関してはさらに及ばない状況である。[3] 全世界がフランス人と同じように生活をするなら、地球三個分の資源が必要となる。米国人と同じ生活をするなら地球六個分の資源が必要だ。

---

1 例えば、一ヘクタールの永続的牧草地は、〇・四八ヘクタールの生物生産空間に相当する。海洋に関して、一ヘクタールの漁業領域は、〇・三六ヘクタールの生物生産空間に相当する。M. Wackernagel, *Il nostro pianeta si sta esaurendo* in A. Masullo (dir.) *Economia e Ambiente. La sfida del terzo millennio*, Bologne, EMI, 2005 を参照されたい。

2 P. Cacciari, *Pensare la decrescita. Sostenibilità ed equità*, Naples, Intra Moenia, Cantieri Carta, 2006, p. 27.「米国人一人当たりの物質のニーズの総量は、現在、年間八〇トンである。つまり、［……］一〇〇ドルの収入を生み出すために、約三〇〇キログラムの自然資源が必要だということだ」（Y. Cochet et A. Sinaï, *Sauver la Terre*, *op. cit.*, p. 38 からの引用）。

3 G. Bologna (dir.), *Italia capace di futuro*, Bologne, WWF-EMI, 2001, p. 86-88.

このようなことがどうして可能なのか？　資源ストックの浪費と貧困層の簡素な生活の二つの現象が原因である。おとぎ話を貪る子供のように、我々は身の丈の生活をすることに満足せず、自然資産に依存して生活している。我々は、地球が数百万年間かけて作った資産を、数十年後には使い果たすだろう。我々の石炭・石油の年間消費量は、十万年の光合成によって地殻に蓄積されたバイオマスの量に相当する。[1]このようにして我々は子供たちから未来を奪っている。さらに、北半球に暮らす我々は、南半球の人々からの多大な技術支援の恩恵を受けている。アフリカ諸国の大部分は〇・二グローバル・ヘクタール以下、すなわち人類全体の平均値の一〇分の一の生物生産空間しか消費していない。しかし彼らは我々に、家畜の飼料として使われる貴重な一次資源を供給している。ところで、一トンの大豆粕を生産するためには一・〇ヘクタールの森林を破壊しなければならない。我々が軌道修正しない場合、二〇五〇年には生態学的債務、すなわち蓄積された生態学的赤字の合計は、地球全体の生物生産性の三十四年分に相当するだろう。[2]たとえアフリカ人が今よりもっと倹約したとしても、我々はこれら三十四個の地球を手に入れることはないだろう！　我々が暮らす世界はアブスルディスタン（不条理な国）と呼ばれるべきだとイヴァン・イリイチに言わしめたのは、まさにこれゆえである。

5　物質的な豊かさの裏切りと消費社会の全体主義

経済成長社会の不可避的崩壊が混沌と野蛮、さらに人類の終焉をもたらす危険があるのなら、人々の意思と選択と政策によって経済成長社会が消滅することは必ずしも悪い知らせではない。イヴァン・イリイチによると、良い知らせ〔La bonne nouvelle ＊訳注―聖書の「福音」の含意もある〕とは、次のようなことを言うのだ。「わたしたちが己の生活様式を諦めなければならないのは、それ自体良いと思われる事の二次的なマイナス効果を避けるためではありません――あたかもおいしい料理を食べる喜びとそれに付随する危険を仲裁しなければならないように。そうではなく、料理自体が悪いものだから、それを避ける方がより幸せになるだろうということなのです。より良く生きるために生き方を変えるということです」[3]。経済成長社会は少なくとも次の三つの理由から維持不可能である。第一に、不平等と不正義の

1　ドイツの歴史家R・P・ジーファールの計算による。P. Bevilacqua, *Demetra e Clio: Uomini e ambiente nella storia*, Rome, Donzelli, 2001, p. 112 から引用。一リットルのガソリンは、一〇〇万年の歳月をかけて生成した二三トンの有機的物質に由来する！（D. Belpomme, *Ces maladies créées par l'homme*, *op. cit.*, p. 229 より引用）

2　WWF, *rapport Planète vivante*, 2006, p. 22.

3　J.-P. Dupuy, «Ivan Illich ou la bonne nouvelle», *Le Monde*, 27 décembre 2002.

拡大を生じさせる。第二に、偽りの豊かさを生み出す。第三に、「富裕層」自身にとっても共生的な生活環境を作ることなく、むしろすべての人にとってある種の「反―社会」状況あるいは富の病的な分離(dissociété)を構築する。

経済学者は往々にして正義の問題を語らない。しかし、彼らは生態学的脅威を否認するが、自由主義経済体制によって生み出された世界経済秩序が公平だと厚かましく主張する者はほとんどいない。自然資源の利用が正義に適っていると主張する者もほとんどいない。ビル・クリントン米大統領(当時)の労働大臣だったロバート・ライシュは、「米国の成功の隠された顔」を非難した一人であり、彼の発言はより適切だと言えるだろう。「社会はますます安全でなくなり、低賃金の雇用が多く生み出され、窮乏する大量の勤労者と富裕になる少数者の間の格差が拡大する」[1]。

不平等に関して言うと、資本主義経済に支配される世界における貧富の格差は地球規模で常に拡大しており、栄光の三〇年の終焉以降、北半球を含めた各国内においても確認されている。地球規模の格差拡大は、国連開発計画(UNDP)の有名な報告書によって何度も例証されている。世界の最も貧しい二〇%と最も富裕な二〇%の間の富の格差は、一九七〇年の一対三〇から二〇〇四年には一対七四に拡大した。一九六〇年には、世界の総所得の七〇%が最も富裕な二〇%の手中に収まっていた。三十年後、その割合は八三%に増加した。他方で最も貧しい二〇%の所有する富の割合は世界総所得の二・三%から一・四%に減少した。世界人口の五%が最も貧しい五%の一一四倍の所得を得ている。[2] NGO

オックスファムの二〇一七年の報告書によると、世界規模で見ると、最も富裕な一%が二〇一六年に創出された富の八二%を独占し、他の九九%の人々を合わせたものよりも多くの富を所有していた。アフリカ人一人当たりの平均年収は、フランスの積極的連帯手当〔＊訳注―日本の生活保護制度に相当する〕受給者の月収よりも低い。[3] これは、不安定な小さな仕事と失業を比較したとき、失業による「無期限の辛い状況」[4]の方が望ましいということを意味しているのではない。〔欧州連合の〕共通農業政策によって、フランスの牝牛は一日二ユーロの補助金を受け取っている。つまり、世界の二七億人が一日に稼ぐお金よりも大きな金額である。だからといって、牝牛のような運命を辿ることがより望ましいということではない！ グローバリゼーションが進み、北半球のすべての国で福祉国家が解体し、不平等は先進諸国において驚異的に広がった。二〇〇五年には、一二%の有形生産手段と三七・三%の金融資産が、米国の人口の〇・五%以下、つまり八四万三〇〇〇世帯によって保有されていた。これらの世帯は、最も報酬の低い勤労者五一%の総所得に相当する所得を得ていた（つまり、四九二〇万ドル）。[5]『フォー

---

1 J.-P. Besset, *Comment ne plus être progressiste… sans devenir réactionnaire*, *op. cit.*, p. 272.
2 *Rapport mondial sur le développement humain 2004* (*PNUD*), Paris, Economica, 2004.
3 J.-P. Besset, *Comment ne plus être progressiste… sans devenir réactionnaire*, *op. cit.*, p. 271.
4 ミシエル・ロカールとピエール・ラルトゥル（リベラシオン紙二〇〇二年二月八日付）の表現による。
5 T. Paquot, *Eloge du luxe. De l'utilité de l'inutile*, Bourin Editeur, 2005, p. 38.

チュン』誌によると、最も報酬の高い企業経営者一〇〇名の年収は、一九七〇年には平均的な勤労者の年収の三九倍だったが、一九九九年には一〇〇〇倍となった。二十九年間で二八八四％の増加である。米国の最富裕層一％は、最貧困層四〇％と同じだけの収入を稼いでいる。マジード・ラーネマが強調するように、「財や商品を創出する機械の生産力を高めても、（惨めさと極貧の）スキャンダルは終わらない。なぜなら商品生産のために動かされている機械が、惨めさを体系的に製造する機械に他ならないからだ」[1]。この状況を変革するためのヒントは、非物質的財を生産する経済にはない。この種の経済もまた社会的不平等を助長し、社会の亀裂を悪化させる。

様々な不公正の発展は資本主義システムに限らず、あらゆる経済成長社会の性質につきものだ。なぜなら経済競争はすべてを犠牲にして生産性の向上を追求するからだ。富の「波及」効果（経済学者が言う有名な「トリクル・ダウン効果」）が最底辺層にも感じられ、登山の縄の先頭に立つ人々が他の人々を高い場所へ引っ張るのは、ヨーロッパの栄光の三〇年にみられるような、非常に特殊で一般化不可能な文脈に限る。社会の大多数が誠実な労働によって生計を立てることができず、生存のために良心に反して〈凡庸な悪〉に加担するように行動させる社会は、深刻なまでに危機的である。しかしこれこそが後期近代の状況なのだ。漁業者は海底を荒らすことでしか漁をすることができず、畜産業者は家畜を拷問にかけ、農家は土壌を破壊し、企業管理職は「人殺し」となる。[2]

トマ・ピケティは、人気を博した著書『21世紀の資本』で、不平等の過剰な発展が深刻な社会的病理を引き起こしていることを見事に証明した。勝ち組に約束された幸福は、しばしば、ストレス、不眠症、心身症、あらゆる種類の病気（癌、心血管疾患、様々なアレルギー、肥満、肝硬変、糖尿病）を伴う消費の尋常でない蓄積となって現れる。エコロジストのジャン＝ポール・ベセが指摘するように、「経済成長が社会全体に影響を及ぼすようになるにつれて、個人の病気は増加する。うつ症状、慢性的疲労、自殺の試み、心の病、認知症、引きこもり、抗うつ剤・精神安定剤・睡眠薬・抗精神病薬・興奮誘発剤の消費、あらゆる種類の中毒、欠勤、不登校、不安、自傷行為……などだ[3]」。

各地で（特にイタリアと米国で）展開している政治経済学の改革プロジェクトは、幸福の逆説もしくは「イースターリンの逆説」に沿ったものである。それは市場の論理の不十分性（市場の失敗）の解決を試みており、この学問分野の個人主義的基礎の批判を進めている。[4] 米国の経済学者リチャード・イース

---

1 Majid Rahnema, *Quand la misère chasse la pauvreté*, Paris, Fayard et Actes Sud, 2003, p. 14.
2 拙著 *Justice sans limites. Le défi de l'éthique dans une économie mondialisée*, Paris, Fayard, 2003、特に第四章「経済の〈凡庸な悪〉」を参照されたい。
3 J.-P. Besset, *Comment ne plus être progressiste... sans devenir réactionnaire*, *op. cit.*, p. 258.
4 これら基本的な真理を再発見し、実験的検証によってこれらの真理を科学的言語に転換するのに二世紀かかったこと、その間、市場の見えざる手と神格化された私的利益による「良き統治」によって地球が尋常なく破壊されたことを留意されたい。

ターリンは、統計学と洗練された方程式を援用し、お金が幸福を生み出さないことを（再）発見した。[1]「ノーベル経済学賞」と誤って呼ばれているアルフレッド・ノーベルを記念するスウェーデン国立銀行の賞が、二〇〇四年にダニエル・カーネマンに、二〇〇九年にはエリノア・オストロムに贈られ、この分野の研究を称えた。カーネマンは「踏み車効果」を明らかにし、同水準の満足感を維持するために所得の増加が新たな消費の継続的追求を必要とすることを証明した。オストロムは「コモンズ」を再評価し、社会的利益の問題を提起した。[2]それとは別に、イタリアの経済学者グループは、十八世紀までイタリアに生き生きと残っていたアリストテレスや聖フランチェスコの伝統に立ち戻り、市民的経済学あるいは幸せの経済学の名の下で、倫理学と社会的に共有された幸福の探求というテーマを政治経済学に再導入しようとしている。[3]

コモンズ（共有財）に関する議論や幸せの経済学に関する議論は、オルタナティブ志向の知識人たちの間で盛り上がっているが、脱成長運動はどちらの議論にも直接関わってはいない。その理由は、第一に、幸福に関する議論とコモンズの悲劇に関する議論は経済学の領域の内部で展開しており、脱成長はまさに「経済（学）からの脱出」を提案しているからだ。[4]しかし、ステファノ・バルトリーニと彼の著作『幸せのマニフェスト』の登場で、これらの議論は脱成長運動が推奨する経済（学）からの脱出というテーマにある意味近づいた。[5]

経済成長への執着は病気（場合によっては、癌）であるのに、病気に対する治療法だと思われている。

経済成長社会は全体主義の一形態、より正確に言うと「反転した全体主義」[6]であると言うことができる。この全体主義は、反転した、もちろんソフトな全体主義である。なぜなら、巧妙かつより悪化した自発的隷属を生むからだ。マスメディアとコミュニケーション技術は大衆から思考能力を奪う道具であり、両者は共犯関係にある。商品の消費によって満たされると考えられるニーズの下に、決して満たさ

---

1 R. Easterlin, 'Does economic growth improve the human lot? Some empirical evidence' in P. A. David et M. W. Reder (éd.), *Nations and Households in Economic Growth*, New York, Academic Press, 1974, p. 89-125.

2 E. Ostrom, *La Gouvernance des biens communs. Pour une nouvelle approche des ressources naturelles*, Bruxelles, De Boek, 2010.

3 代表的な研究者は、ステファノ・ザマーニ、ルイジーノ・ブルーニ、ベネデット・グイ、レオナルド・ベッチェッティである。

4 議論はG・ハーディンの有名な論文「コモンズの悲劇」(*Science*, 1968) によって幕開けた。S・バック・コックスによる論駁も参照されたい (S. Buck Cox, «No tragedy on the commons», *Environmental Ethics*, No. 7, 1985)。

5 S. Bartolini, *Manifesto per la felicità. Come passare dalla società del ben-avere a quella del ben-essere*, Rome, Donzelli, 2010〔S・バルトリーニ『幸せのマニフェスト——消費社会から関係の豊かな社会へ』中野佳裕訳、コモンズ、二〇一八年〕.

6 S・S・ウォーリンが用いている概念である。S. S. Wolin, *Democracy incorporated. Managed Democracy and the Specter of Inverted Totalitarianism*, Princeton, Princeton University Press, 2008.

れない欲望を捕獲することで、広告のプロパガンダは消費者を正真正銘の中毒的依存状態に閉じ込める。しかし、あらゆる全体主義がそうであるように、欲動の管理を完全にコントロールすることは、グローバル化した消費主義においては、部分的に失敗する。その結果、疎外からの解放を期待する声が上がってくる。抑圧された声は、暴力やテロリズムの怪物的爆発となって戻ってくる。

これらの条件の下で、脱成長はカタツムリの知恵の再発見を提案する。カタツムリは脱成長のシンボルとして採用された。カタツムリは、ゆっくりと生活する必要性を教えるだけでなく（例えば、スローフード運動の「スロー」）[1]、もう一つ必要な教訓を与えてくれる。イヴァン・イリイチは次のように説明する。「かたつむりは、精妙な構造の殻を幾重もの渦巻に広げると、そのあとは習熟した殻つくりの活動をぱたりとやめます。渦巻を一重増やすだけで、殻の大きさは一六倍にもふえてしまいます。そうなると、この生き物には目方の負担がかかりすぎて、かたつむりという安定したくらしに貢献するどころか、生産を少しでもふやすと、目的にしたがって定められた限界以上に殻を大きくすることからくる困難に対処する仕事のために、文字通り重みがかかりすぎるという結果になるのです。この点で、過剰成長からくる問題は幾何級数的に増大しはじめるのにたいし、かたつむりとしての生物の能力はせいぜい算術級数的にしか大きくなりません」[2]。カタツムリは幾何学的理性としばらく寄り添った後、そこから離れた。この教訓は、脱成長社会――可能ならば穏やかで自立共生的なもの――を考えるための道筋を我々に示している。

1　イタリア人のカルロ・ペトリーニによって一九八六に始まったスローフード運動は、「おいしい、きれい、正しい」の三原則を提唱している。テッラ・マードレという食糧生産に関わるすべての小規模農漁業者を対象とする国際フォーラムと連動し、スローフード運動は食の分野における脱成長を構築している。C. Petrini, *Libérez le goût. Liberté et gastronomie*, trad. L. Pailhès, Paris, Libre et Solidaire, 2015（拙著序文「脱成長とスローフード」所収）を参照されたい。

2　Ivan Illich, *Le Genre vernaculaire*, in *Œuvres complètes II*, éd. citée, p. 292〔イヴァン・イリイチ『ジェンダー——女と男の世界』玉野井芳郎訳、岩波現代選書、一九八四年、一七三頁〕.

第二章　脱成長の目的

脱成長プロジェクトは、人間の未来を複数の運命へと再び開く。生産力至上主義的な全体主義と経済帝国主義の重圧から解放されたら、人々は文化の多様性を再発見する。一次元的な合理的経済人《ホモ・エコノミクス》を乗り越えて、諸社会は抑圧された希望と再びつながることで持続可能な未来を構築することができる。脱成長はある一つのオルタナティブな道でなく、むしろオルタナティブの様々な可能性の母胎である。したがって、脱成長社会の「万能な」モデルを提案することはできない。生産力至上主義的ではない持続可能な社会の基礎を素描することができるだけだ。反対に、〔脱成長社会への〕移行のための具体的政策案を提案することはできる。

第一に、脱成長の政策の目的は、豊かさの生産と国内総生産（GDP）の間の力関係の逆転であると捉えることができる。諸個人の状況の改善を物質的生産の統計上の増加と切り離すのだ。言い換えると、生活経験としての豊かさを改善するために、統計的な「物質的所有量」を減らすのである。経済成長が減少すれば、経済成長の負の外部性も自動的に減るだろう。〔経済成長の〕これらの負荷は、交通事故からストレスに対する医療費、そして騒々しい広告に至るまで、生活満足感を与えるものではなく、しばしば有害である。しかし、脱成長社会を本当に構想するためには、文字通り「経済から抜け出す」必要がある。すなわち理論と実践、特に我々の思考において、経済が生活の他の領域を支配することを問い直す必要がある。したがって、プロジェクトの理論化の水準と政策の水準を連携させる必要がある。そこで、この作業を実行に移すアクターの問題が浮上する。

1　具体的なユートピアとしての脱成長――八つの再生プログラムの好循環

経済成長社会との断絶、すなわち脱生産力至上主義社会の構想は、簡素な生活の「好循環」の形をとる。それは、再評価（réévaluer）、再概念化（reconceptualiser）、再構造化（restructurer）、再ローカリゼーション（relocaliser）、再分配（redistribuer）、削減（réduire）、再利用（réutiliser）、リサイクル（recycler）の八つの「R」で表現される。これら八つの目標は、生産力至上主義および消費主義の論理と対照を成す重要な点に触れており、相互に依存している。八つの目標は、穏やかで、自立共生的で、持続可能な簡素さから成る自律社会へ向かう推進力となるだろう。[1] これらの目標は政策ではなく意味の地平を構築しており、この地平の中には非常に多様で具体的なイニシアチブが含まれうる。

出発点となるのは、経済成長社会の諸価値における価値の根本的変革である。では、経済成長社会が推進する価値とはどのようなものだろうか？　テレビのボタンを押すだけで十分だ。競争と競争力の追求の名の下で他人を蹴落とし、あらゆる手段を使って可能な限りお金を稼ぐことだとすぐにわかる。そしてもちろん、容赦なく、際限なく自然を破壊しながらである。経済成長社会は経済戦争の上に成り立っている。その経済戦争とは、万人の万人に対する闘争であり、万人の自然に対する闘争である。これこそが社会関係を破壊しながら我々を惑星的限界の壁へと一直線に導いた原因であると、人々はよく理解している。社会にほんの少し多くの利他主義と協力を導入し、自然との関わり方を完全に修正しなければならないことは明らかだ。我々は略奪者としてではなく、良き庭師として振舞うべきであろう。確かに、シンプル・ライフなど、個人レベルで様々な倫理的行動を選択することで環境破壊の傾向を変え、社会体制の想念の基礎を崩すことはできる。しかしそれでは、社会体制を根本的に問い直すまでには至らず、変革は限定的である。事実、必要なのは真の人類学的変革ではないだろうか。孤立した個人ではなく、社会的《ソシエタル》な相互依存性、ひいては有機的宇宙《コズミーク》の相互依存性の中に常に埋め込まれた存在として自己を捉える必要があるだろう。

我々の生活様式と活動のシステムが依拠する諸価値を問い直すことは、我々の世界と実在を理解する諸概念を問い直すことにつながる。特に考慮しなければならないのは、豊かさはお金だけに還元されないということだ。本当の豊かさは、何よりもまず、よく機能する社会関係の組織の中から生まれる。それは友達がいたり、興味を持てることをしたり、きれいな空気を吸ったり、安全で風味のある食べ物を食べたりすることでありうる。[2] 豊かさを問い直すことは、貧しさについて考え直すことも意味する。貧しさもまた、経済的次元や物質的な極貧状態の次元にのみに還元されている。

質素な生活は、すべての社会にとって、そして十八世紀までの西洋社会にとって、プラスの価値を持っていた。近代の経済論理は、簡素な生活をマイナスの価値に変え、同時に、コモンズの私有化とヴァナキュラーな領域——市場の外に存在する生存のための家族的組織の領域——の破壊が起こり、倹朴な人（les pauvres）は惨めな人（les misérables）となった。自己制御の尊厳を再発見しなければならない。また、世界の経済化の根本にある二つの恐ろしい概念も問い直さなければならない。それは希少性と豊富さだ。希少性は、自然の所与として扱われているが、〔実際は〕近代的経済活動による発明である。

---

1 「R」のリストをさらに延長させることができる。例えば、レジリエンス（résilience）、レジスタンス（résistance）はもちろんだが、急進化（radicaliser）、再転換（reconvertir）、再定義（redéfinir）、規模の再調整（redimensionner）、再モデル化（remodeler）、再考（repenser）、再魔術化（réenchanter）などもある。これらの「R」はすべて、本文で提示した八つの「R」の中で多少なりとも含意されている。

2 F. Flahaut, *Où est passé le bien commun ?*, Paris, Mille et Une Nuits, 2011.

それは、十六世紀英国で始まった「囲い込み運動」──私有化された土地の閉鎖──と呼ばれるコモンズの略奪の結果として生じた概念だ。その結果、倹朴な人は、共有の森林や収穫の後に万人に開かれていた野原で家畜を放牧することができなくなった。

自然が与える恵みを人間集団の所有物として略奪する行為は、今日、水の民営化や生物の私有化の形で進められている。遺伝子組み換え作物に関する闘いの中で起こっていることは、自然の素晴らしい贈り物──生物種の繁殖能力──を小農民から収奪することに他ならない。マイクロソフト社にとってオープン・ソフトウェアの無償性が容認できないように、自然のこの無償性はモンサント社にとっては容認できないものだ。なぜなら万人にとって利用可能なものからお金を生み出すことはできないからだ。したがって、麦やトウモロコシなどの再生産に不可欠な種を小農民に毎年購入させるには、種が希少な状況を人工的に造り出す必要がある。

希少性や豊富さの概念を問うことで、生産の仕方が変わるだろう。つまり、我々が生産するものが変わり、生産関係、言い換えると、生産に関わる法的・制度的・慣習的な構造が変わるだろう。生産の構造が変われば、分配も必然的に変わる。しかし再分配は、自然資源を利用する権利の再分配でもある。つまり、北側諸国に暮らす我々のエコロジカル・フットプリントを削減することで、南側諸国の人々が今よりも新鮮な空気を吸い、ほんの少し多く消費し、より良く生活することが可能になる。

この変革の中でもっと重要なものの一つは、再ローカリゼーションである。再ローカリゼーションは、「具体的なユートピア」としての脱成長の理論と、移行のための政策との、戦略的結合の一部を成す。再ローカリゼーションは、直近においては脱グローバリゼーションを意味する。つまり、地球規模の大量殺戮のゲームに終止符を打ち、経済活動と金融のカジノによる大規模な脱領土化がもたらした損害を修復することを意味する。しかし、より長期的な視座では、再ローカリゼーションの内容はポジティブなものとして描かれ、ポスト経済発展社会の構築に一貫性を与えるようになる。各地で雇用を再創出するだけではなく、文化的・社会的・政治的な根を再びもつことに意味を与え直すことが大切である。[1]

経済的合理性の名の下で、最低限の良識に反する地球規模での広範な「移転」が強制された。生態学的に見て常識外れの事例は数えればきりがない。デンマーク産のエビは洗浄のためにモロッコに運ばれ、デンマークに戻され袋詰めされた後に世界に流通する。スコットランド産のアカエビは、近年まで現地の工場で皮むきされていたが、米国年金基金による救済を受けて以降、タイに輸送され手作業で皮

1 S. Weil, *L'Enracinement*, Paris, Gallimard, 1949〔シモーヌ・ヴェイユ『根をもつこと（上）（下）』冨原眞弓訳、岩波書店、二〇一〇年〕を参照のこと。また、G. Azam et F. Valon, *Simone Weil ou L'Expérience de la nécessité*, Neuvy-en-Champagne, Le Passager clandestin, «Les précurseurs de la décroissance», 2016 も参照されたい。

むきされている。このように、毎日、四〇〇〇台を超えるトラックがル・ペルテュの峠〔フランス・ピレネー山脈にある〕を通過し、アンダルシア産のトマトをオランダに輸送している。同時に、ハウス栽培のオランダ産のトマトがアンダルシア地方へと運ばれている。このような常識外れの行動はさらに拡大する見込みで、ヨーロッパでは新しいトンネル、高速道路、TGV、線路を建設する計画が推進されており、物流の流れを一日当たりトラック四〇〇〇台から八〇〇〇台へ、そして一万六〇〇〇台へ、最後には完全な渋滞になるまで増やそうとしている。脱成長の視座では、再ローカリゼーションは経済的領域だけでなく、心的・知的・精神的衛生においても必要である。ローカルと節度の意味を再発見することが重要だ。それらはエコロジカル・フットプリントの必要な削減の条件である。

　したがって削減とはそれだけで、短期的な視点で見た脱成長プロジェクトを要約しうる言葉だ。我々のエコロジカル・フットプリントの削減は、我々の過剰消費や浪費の削減などを意味する。しかし、今日最も重要で緊急を要する削減は、労働時間の削減である。マクロ経済学的視点から言えば、かつて流行した「より多く働いてより多くのお金を稼ぐ」というスローガンは不合理である。主流派経済学者はこのスローガンを非難しなければならないだろう。なぜなら、もし人々がより多く働くならば、当然のことながら労働力の供給量は増加し、そして大量失業の状況では労働力に対する需要は増加しないので、労働の価格、すなわち賃金は、下がる以外にないからだ。その結果、マクロ経済の水準では、より多く働けば、不可避的に稼ぎはより少なくなる。これこそが、近年、多くの勤労者が異議申し立てしていることだ。

しかし、社会の価値の変革の視座から言えば、重要なのは、より多く稼ぐためにより少なく働くことではない。また、より少なく働いてみんなが働けるようになることでもない――これは失業問題解決のための脱成長の対案の一つではあるが。そうではなく、より少なく働いてより良く生活することが大切である。つまり、生活の意味が、雇用者や上司、もっと悪い状況ではアルゴリズムに依存する終日うんざりする活動に還元されないということを再発見することが大切なのだ。しかし、この労働からの解放は思っているほど容易ではない。なぜなら多くの勤労者は消費中毒になっているだけでなく、仕事中毒にもなっているからだ！　人々は働くことをやめたとき、茫然自失となる。したがって、この病理を治癒するために想念の脱植民地化が必要となるだろう。

製品は計画的にモデルチェンジするので、修理できずに廃棄するしかない。しかし物や機械を廃棄せず再利用することは、資源浪費を削減するために必要なだけでなく、物の本当の価値を学び直し、寛大な自然が与える贈与に愛着をもつためにも必要である。[1]　多くの物は再利用可能であり、特に製品のエコロジカル・デザインを採用すれば、その耐用年数は延長可能だ。製品の装置を修理することで、多くの一次資源が節約されるだろう。また付随的に、生産量の低下が引き起こす雇用の低下を部分的に補塡

1　拙著 *Bon pour la casse. Les déraison de l'obsolescence programmée*, Paris, LLL, 2015 を参照されたい。

する新たな雇用が創出されるだろう。最後に、再利用できないものはリサイクルするように努めることだ。このようにして我々は、廃棄物を生産しない自然の論理にしたがうのだ。つまり、ある企業が生み出したゴミは、別の企業の「栄養」になるべきだ。[1]

2　幸せを問う——節度ある豊かな社会へ

経済成長社会は、近代が標榜する「最大多数の最大幸福」という目的を実現しない。万人にとっての豊かさと物質的充足という約束は裏切られた。元世界銀行総裁のハーマン・デイリーは、環境経済学の主要な理論家の一人となっている。彼は「真の進歩を測る指標（genuine progress indicator）」を作成し、ある一定の閾を超えると、経済成長のコスト（修復費用と補償費用）は経済成長の恩恵よりも概して高くなることを明らかにした。[2] エイントホーヘン工科大学のヤン・ピーター・スミスの指導の下で行われた最新の研究（二〇一八年一月）は、一五の指標を用いて生活満足度を測定しており、結論として「社会が富裕化すればするほど、その社会に暮らす人々は生活に満足しなくなる」という「豊かさの逆説（well-being paradox）」を導いた。[3]

これらの考察はすべて、「フラストレーションの成長率は生産の成長を凌駕する」と述べたイヴァン・

イリイチの直観を支持する。我々は、「経済は上手くいっているが、市民はそうではない」という論争的なジャーナリズムの常套句と直面している。[4] この常套句はグローバリゼーションに関して特に当てはまる。なぜなら、かの有名な経済発展のトリクル・ダウン効果（つまり、経済成長のおこぼれの波及効果）は、一九八〇年代以降、トリクル・アップ効果へ変わった――トリクル・アップは、最も深刻な貧

1 この見解は循環型経済の基礎を成しているが、良識に適ったアイデアだ。循環型経済はエコロジカルな移行《トランジション》の政策にヒントを与えるものとして注目されるようになっているが、経済成長の宗教性を問い直すことを回避する傾向にある。W. McDonough et M. Braungart, *Cradle to Cradle. Créer et recycler à l'infini*, Paris, Editions Alternatives, 2011〔ウィリアム・マクダナー、マイケル・ブラウンガート『サステイナブルなものづくり――ゆりかごからゆりかごへ』山本聡・山崎正訳、人間と歴史社、二〇〇九年〕.

2 真の進歩を測る指標の方程式は、「家計の消費＋家事労働サービス＋非防御的な公共支出－防御的な民間支出－環境破壊のコスト－自然資本の劣化＋生産的な資本の形成」である。

3 'The Well-being Paradox: People are Getting Richer, but not more satisfied', Eindhoven University of Technology, 二〇一八年一月二十九日。この研究は、一八五〇年以降のオランダを研究対象としており、方法論上の模範研究とみなされうる。

4 かくして、二〇〇三年十一月十八日付のル・モンド・エコノミー誌には、「日本は上手くいっているが、日本人はそうではない」というタイトルの記事が掲載された。そのすぐ後、この表現は財政緊縮政策を実施したすべての国に対して用いられた。

困と戦う英国のNGO（一九七九年設立）が名付けた表現である。つまり不平等増加の論理が生じたのだ。

人々は一歩飛躍して物質的な豊かさから幸福へと遡ろうとするけれども、富の指標と幸福指標の乖離は、両者を測定しようとすればするほど、乗り越えがたいものとなる。ある閾を超えると、物質的な富裕化は幸福感を高めない。幸福感に関するあらゆる社会経済学的研究は、この点に関して結論は一致している。『市場民主主義における幸福感の喪失』という注目すべき著書で、ロバート・E・レーンは、自由主義社会における主観的幸福の進化の測定を是が非でも試みる計算方法に関して、起こりうるあらゆる理論的バイアスを列挙している。レーンは、米国における生活の物質的水準が向上するにともない、米国民の大多数の実際の幸福感は間違いなく低下していると結論づけている。幸福感の低下の根本原因は、基本的人間関係（レーンがコンパニオンシップと呼ぶもの）の衰退にある。[1]

この事実は、国内総生産という統計的に示される所有量とは対極の、主観的幸福に関する多くの世論調査によって確認されている。これらの世論調査を通じて、この主題に関する一応の見当が得られる。英国のNGOニュー・エコノミクス・ファウンデーションは十数年前から、生活満足度に関する世論調査結果、平均寿命、およびエコロジカル・フットプリントを組み合わせて、独自の幸福度指標（ハッピー・プラネット・インデックス）を作成している。この指標は、国内総生産の古典的順位や人間開発指標（HDI）の順位を覆すものだ。二〇〇六年のハッピー・プラネット・インデックスでは、バヌアツ、コロンビア、コスタリカがベスト3にランキングされた。他方でフランスは一三一位、ドイツは八一位、米国は一五〇位だった。二〇一六年の指標でも、順位はさほど変わっていない。第一位にはコスタリカ、続いてメキシコ、コロンビア、バヌアツがランクされ、米国は一〇八位である。[2]この明らかな逆説は、「経済発展した」社会が退廃の大量生産の上に成立しているという事実によって説明される。つまり経済発展した社会は、価値の喪失、商品の質の劣化の全般化――「使い捨て」の加速化が商品をゴミに変えている――、排除されたり解雇されたりする人間の全般化――失業者に転落する最高経営責任者（CEO）や社長、ホームレス、浮浪者、その他多くの「屑」のように扱われる人間――の上に成立しているのだ。経済成長を生活の質の向上や幸福の最大の理由と同一視することは、社会学者ジャン・ボードリヤールの言葉によれば、「常軌を逸した集団的はったりであり〔……〕、白魔術的操作である」[3]。節度を欠いた豊かな社会は、最大多数の人々にフラストレーションと節制を無理強いさせる。この偽りの豊かさに対して、脱成長は、自己制御、分かち合い、贈与の精神、自立共生《コンヴィヴィアリテ》を基礎とす

---

1 R. E. Lane, *The Loss of Happiness in Market Democracies*, New Haven, Yale University Press, 2000. J.-C. Michéa, *Orwell éducateur*, Paris, Climats, 2003, p. 162 も参照されたい。
2 ウェブサイト happyplanetindex.org を参照せよ。
3 J. Baudrillard, *La Société de consommation*, Paris, Denoël, 1970, p. 42〔ジャン・ボードリヤール『消費社会の神話と構造 新装版』今村仁司・塚原史訳、紀伊國屋書店、二〇一五年〕.

る「節度ある豊かな社会」という社会構想を提案する。一九七〇年代末、ジャック・エリュールは賢明にも、「我々は、好ましくない状況によって無理強いさせられる不平等で我慢を強いる節制と、万人共通で普遍的な、自発的で組織化された節度ある生活——より多くの自由を享受するが、物質的財はより少なく消費する選択肢を提供する——の間を選択しなければならない」と述べていた。彼は、節度ある豊かさ（abondance frugale）について明確に語っている。[1]

3　国家と脱成長——メタ政治プロジェクト

脱成長社会のプロジェクトが紹介されている書籍や論文では、「政治的なもの」（le politique）や政治（la politique）に触れる多くの要素が議論されている。それらはこのプロジェクトが新たな政治的ユートピアを重視していると思わせるものだが、同時に、民主主義と国家の問題に関して一貫性のない議論をしている印象を与えている。脱成長は、既存の社会システム、すなわち経済成長社会との根本的な断絶を想定するという意味で革命的プロジェクトであるが、その目標は単なる政治的変革を大きく超えたところにある。政治の骨格を文字通り構築している限度なき生産力至上主義的経済の信用が失墜した暁には、文明の再構築をしなければならない。つまり、「節度ある豊かな社会」とか「経済成長なき繁栄」

と呼ばれる文明の構築である。

脱成長プロジェクトが含意する断絶の中でも最優先すべきものは、我々の想念の脱植民地化、すなわち経済成長という宗教から抜け出し、経済というカルトを脱退する（経済から抜け出す）ことである。明らかなことだが、経済成長を攻撃するということは、「世界の新たな支配者たち」が握る権力を攻撃することである。この意味で、脱成長プロジェクトは近代政治の基礎を問うことになり、政治的含意をもつ。しかし、厳密に言えば、そのことが政治的プロジェクトの構想に結びつくわけではない。なぜなら一方で、脱成長政治を実行に移す政府《ポリティア》、すなわち「政治的実体」は、その形態においてもその機能様式において未だ決定されていない状態であり、また他方で、脱成長プロジェクトは「権力を掌握する」戦略を選択しないからだ。脱成長の政党の設立が必ずしも妥当とは言えない理由はここにある。脱成長は右派と左派の政治イデオロギー対立にも、政治というチェス・ボードの上で展開されるゲームにも関わらない。

---

1 J. Ellul, *Pour qui, pour quoi travaillons-nous ?*, Paris, La Table Ronde, « La petite vermillon », 2013, p. 213. 節度ある豊かさというアイデアは、イタリア共産党の書記長エンリコ・ベルリンゲルの革命的節制の考えに由来し、ジャン・バティスト・ド・フーコー、ジャック・エリュールを経由して発展した。一九七七年にベルリンゲルは、党をこの道に導くことに失敗した。G. Macron (dir.), *Berlinguer, l'austerità giusta*, Milan, Jaca Book, "I precursori della decrescita", 2014 を参照のされたい。

さらに言えば、脱成長社会は一個のオルタナティブではなく、支配的な生産力至上主義に代る様々なオルタナティブの母胎なので、根本的に多元的だ。なぜなら脱成長社会は文化の多様性へと社会空間を再び開くからだ。脱成長社会は、西洋中心主義的特徴をもつ普遍主義に傾倒するのではなく、多元世界（pluriversalisme）〔＊訳注―複数の文化世界が共存する世界〕――諸文化の民主主義――を推進する。[1] したがって、節度ある豊かな社会への歩みは、最大限多様な政治機構をあらかじめ念頭に置いて構想することができる。

近代のあらゆる政治体制――共和主義、独裁制、全体主義――、および様々な政治機構――右派政権、左派政権、自由主義政党、社会主義政党、ポピュリスト政党、社会自由主義政党、社会民主主義政党、中道政党、急進的政党、共産党――は、これまで生産力至上主義的であったし、いまだにそうであることを思い出すならば、脱成長の具体的ユートピアは、消費社会と比べると否定的なものとして描かれる。近代政治体制はどれもみな経済成長を紛うことなき目標として掲げていたし、いまでもそうだ。生産力至上主義はこれらの政治体制のDNAの一部となっているが、その理由の一つは、これらの政治体制と政治機構が歴史的に見てブルジョワ市民革命の産物であり（つまり近代イデオロギーと結びついていた）、資本主義的生産様式、すなわち資本の際限なき蓄積と連動して生じたことにある。もう一つの理由は、市場経済は様々な矛盾（代表的なものは、階級闘争）の上に機能するが、経済成長はそれらの矛盾を相対的に見て平和に管理することができる唯一の手段だからだ。

したがって、経済成長に対して社会の進む方向を変えることは必要不可欠だが、それは、単なる選挙によって新しい政府を確立し、新たな多数者の声を権力に反映させることで達成されうるようなものではない。必要なのはもっと根源的なこと、つまり「文化の革命」である。文化の革命は、「政治的なもの」の再構築へ通じるものでなければならず、また豊かさを概念化・生産・分配・消費する新たな方法を導くもの、つまり端的に言えば、「どのように生きるか?」という根本的問いに応答するものでなければならないだろう。

理論的には、脱成長社会は最も変化に富んだ政治制度によって構築されうるだろう。この点において、脱成長プロジェクトはガンディーの自律自治社会（スワラージ）の構想と無関係ではない。マハトマ・ガンディーの闘いが、英国の植民地支配それ自体に対するものではなく、インドの民衆のアイデンティティ喪失に対抗して彼らの精神性の奪還を求めるものであったことを思い出してみよう。極論を言えば、ガンディーにとって、インドの民衆の共通善に資する形で経済が運営される限りは、経済を管理

1 多元世界という概念は、脱成長の先駆者であるインド系カタルーニャ人、ライモン・パニカール（一九一八―二〇一〇）によって精錬された。とりわけ R. Panikkar, *Pluriversum. Pour une démocratie des cultures*, Paris, Cerf, 2013 を読まれたい。

する者が英国人であるかモンゴル人であるかは問題ではなかったのだ。[1]
しかし、前近代的体制の保証——超越、伝統、啓示——が無効化された今、法を語るための正統性を主張できる唯一の審級は「人民」、つまり市民の集合体である。これがジャン＝ジャック・ルソーの答えだった。そしてまた、コルネリュウス・カストリアディスや他の多くの脱成長派の人々の答えでもある。しかし、この答えは理論的には満足いくものであるけれども、エコロジカル民主主義のプロジェクトが未だユートピア的であることは否定できない事実だ。このプロジェクトはある課題を抱えている。その課題とは、プロジェクトと整合性のとれた社会機構の諸相を明確化する意味の地平の構築である。

このため、脱成長プロジェクトが目指すエコロジカル社会主義は、小規模な政体においてのみ実現可能だ。したがって、近隣コミュニティ・レベルの民主主義の発明／再発明など、「政治的なもの」の再ローカリゼーションが重要となる。脱成長の先駆者であるレオポルド・コールにとって——彼はイヴァン・イリイチやエルンスト・シューマッハーに大きな影響を与えた——、「小規模国家は、共和制であっても立憲君主制であっても、本質的に民主主義的である。大規模国家はどのようなものであれ、本質的に民主主義的ではない」[2]。このローカル民主主義のユートピアは、アナーキストのマレイ・ブクチンなど多くのエコロジカル社会主義思想家のアイデアに通じる。タキス・フォトプロスはローカル民主主義のアイデアに再注目した思想家であり、「デーモス（dèmoi）〔＊訳注—古代ギリシアの都市国家の区画の名称〕の同盟」、つまり約三万人の居住者で構成される、小規模でまとまりのある空間単位から成る同盟を提案している。フォトプロスによると、この規模であれば、基本的ニーズの大部分を地域で満たすことが可能であるという。[3]

1 ガンディーは、土着の人々による悪い政府よりは外国人による良い政府の方がましだと主張していた。彼は英国人に、インドを統治し続けてもよいと述べている。ただし「あなたは私たちの国でインド人となって住まなければなりません。私たちの宗教に逆らうようなことをしてはなりません。あなたは支配者として、ヒンドゥー教徒を尊重するため牛肉を食べることは止め、イスラーム教徒を尊重するため悪い動物の肉を食べるのを止めなければなりません。私たちは抑えられていたのでいえませんでした。しかし、私たちの気持ちが傷ついていないと思わないでください」(Mahatma Gandhi, *Hind Swaraj. Vi spiego i mali della civiltà moderna*, Pise, Gandhiedizioni, 2009, p. 109)〔M・K・ガーンディー『真の独立への道——ヒンド・スワラージ』田中敏雄訳、岩波文庫、二〇〇一年、一四二頁〕。

2 O. Rey, *Une question de taille*, Paris, Stock, 2014, p. 180 から引用。レオポルド・コールは、「ギリシア、イタリア、ドイツの古代都市国家に倣うならば、人口は一万～二万人を超えてはならない。十万人以下の人口規模で、ザルツブルクの大司教はその小さな首都の中に豪華絢爛な教会、大学、多くの高等教育機関、六つの劇場を建築した〔……〕。小さな規模で組織された世界が変化に富む世界であり、多くの世界にとって居場所があること、すなわち異国情緒が非常に豊かで身近に感じられることを今こそ理解するときではなかろうか〔……〕。多文化主義が現実のものとして存在し、事の成り行きによっては、ある種の反文化主義ないしは多元的なサブカルチャー主義のようなものが存在する」(*ibid.*, p. 87-88)。

3 T. Fotopoulos, *Vers une démocratie générale. Une démocratie directe, économique, écologique et sociale*, trad. P.

ポスト・デモクラシー[1]社会で古典的な政治行動を行うことには、限界がある。この点を考慮するならば、残された可能性は抑圧的な社会システムの内部における様々なニッチの創出である。つまり、イタリアの脱成長理論家マウリッツィオ・パランテ[2]の定式によれば、「二十一世紀の修道院」を創造することだ。同時に、次の時代のためにエコロジカル社会主義プロジェクトの諸目標と合致する政治形態を提案することが重要だ。これこそが未来を準備するための唯一の手段であり、未来の到来とシステムの自滅にささやかながらも貢献する方法であることは間違いない。

　まだ探求中の目標であるが、多くの人々が脱成長へと方向転換すれば、力となる。ここでいう力とは、「〜の力（権限）」(auctoritas) のことであり、「〜に対する力（権力）」(potestas) のことではない。権力の行使はユートピアを必ず裏切ることになる。重要なことは、もし人民の大多数が脱成長に賛成するのなら、その人民の意志を尊重するように権力の座についている統治者――どのような統治者であったとしても――に約束させることである。統治者を置き換えることは必ずしも重要ではない。したがって、脱成長が関心を持つのは国家そのものではなく、権力、そして権力と対抗権力の弁証法である。この〈革命の中の革命〉を実現したのは、南部メキシコのチアパス州のネオサパティスタ運動である。一九九四年に発表されたラカンドン密林第一宣言以来、サパティスタ民族解放戦線は革命軍による権力の掌握を拒否した。これはラテンアメリカの〔革命運動の〕伝統との最初の断絶を示している。この断絶はその後、深化していった。サパティスタの多くの宣言がそれを裏付けている。[3]

権力の拒否は、貧しき者たちの力能の表現術である。それは、権力に裏切られるリスクを負わずに自分たちの声を聞かせる方法だ。[4] これはまたガンディーのサティヤグラハ（非暴力的不服従による抵抗）とスワラージ（自治）の戦略でもあったが、インド国民会議はこの戦略を選択せず、ネルー〔＊訳注―インドの初代首相〕は急いで破棄してしまった。権力の拒否は脱成長プロジェクトをアナーキズムへと近づけるが、アナーキズムとは異なり、あらゆる権力を頭ごなしに拒否することが問題なのではない。そうではなく、ユートピアの名の下での権力の行使を拒否することが重要なのだ。この点は、哲学者クロード・ルフォールの思想にも通じる。ルフォールによると、権力は掌握するものではなく、それに対して

Chemla, Paris, Seuil, 2001, p. 115.「多くの近代都市が巨大であることを考えると、それらを複数のデーモスに細分化する必要があるだろう」と彼は説明している（*ibid.*, p. 215）。

1 ポスト・デモクラシーとは、英国の政治学者コリン・クラウチが用いている表現であり、我々の政治体制がマスメディアとロビー団体によって支配されていることを意味している。C. Crouch, *Post-démocratie*, trad. Y. Coleman, Diaphanes, 2013〔コリン・クラウチ『ポスト・デモクラシー――格差拡大の政策を生む政治構造』近藤隆文訳、青灯社、二〇〇七年〕を参照されたい。

2 M. Pallante, *Monasteri del terzo Millennio*, Turin, Lindau, 2013.

3 詳細は、J. Baschet, *La Rébellion zapatiste*, Paris, Flammarion, «Champs», 2005, p. 66 を参照されたい。

4 M. Rahnema et J. Robert, *La puissance des pauvres*, Arles, Actes Sud, 2008.

異議申し立てするものである。

脱成長運動によると、市民社会の果たすべき役割は、権力を制御し、民衆の要求が満たされるように権力に対して必要な圧力をかけることにある。したがって、政治機構を再考し、社会自身の手によって政治機構を構築することが重要だ。これはまさに、サパティスタ運動が実践を試みていることである。脱成長は、具体的でローカルな特殊性と一にして多なる世界のビジョンとを接合する問題関心を、サパティスタと共有している。そう、「多くの世界がその居場所を見つけられる世界をつくる」[1]という問題関心だ。

4　脱成長は右派なのか、それとも左派なのか?

生態学的制約を考察に入れることができないため、マルクス主義の近代批判は恐ろしい曖昧さを抱えている。マルクス主義は、資本主義経済を分析し、批判し、そして容赦なく非難するが、資本主義経済が解き放つ様々な力の増大を「生産的」と評価する。これらの力は自然や人類を破滅に追いやっているにも関わらず、だ(戦争産業は言うまでもない)。諸力の増大は、資本蓄積の観点から言えば、帝国主義、戦争、(生態学的危機を含めた)様々な危機をはじめ、労働者のプロレタリアート化、搾取、窮乏化などのあらゆる災禍の主犯格だとみなされているのに、生産・雇用・消費の観点からはほとんど良いことだらけと評価されている。この事実から、生産関係の変革（革命は生産関係において起こることが必要であり望ましい）は、生産手段の所有権の暴力的な転換、ならびに経済成長の果実の分配において権利を有する者の地位の暴力的な転換に還元される。そのため、経済成長主義の内容に難癖をつけることはできても、経済成長の原理を問い直すことはできない。

この重要な問題提起の手引きとなるのは、常に既存の体制に寄り添っていた非マルクス主義的左派ではない……。近代社会の政治ゲームの伝統的なソフトウェア、つまり左派と右派の区別は、脱成長に関して言えば適切ではない。右派の反功利主義と左派の反功利主義、右派の近代批判と左派の近代批判、右派の反資本主義者と左派の反資本主義者が存在するように、右派の反生産力至上主義と左派の反生産力至上主義が存在するのは避けられないことだ。

確かに、脱成長社会の構築を目指す脱開発論には、「右派の」近代批判の流れを汲み、「旧体制《アンシャン・レジーム》」と形容されうる時代へのノスタルジーを謳う思潮が存在する。それでも確かなのは、左派政権のいかなる政策案もこれまでエコロジカル・フットプリントの必要な削減を考慮に入れていなかったとはいえ、分かち合い、連帯、平等、友愛の価値と伝統的に結びついていたのは、むしろ左派の方だ。ところで、

1 Sous-commandant Marcos, *Saison de la digne rage*, éd. J. Baschet, Paris, Climats, 2009, p. 86.

これらの価値は他の生物種の大量虐殺や自然破壊の上には成立しえない。また、これらの価値の利点を将来世代へと延長していかねばならない。政治家による政治ゲームの中で、大多数の脱成長派の人々が急進的左派の側に自らを位置づけ、場合によっては左派・右派の線引きを超えて「反体制的な」候補者を支持するのはそのためである。間違いなく、脱成長の政策案に賛同する政党は、一部の批評家によって「ポピュリスト」と非難されるだろう。

5 南側諸国にとっての課題

自律的で節度ある共生社会を構築するプロジェクトは、北側諸国と南側諸国では異なる形で現れている——これは明白なことだ。南側諸国では、エコロジカル・フットプリント（さらに言うと国内総生産）の削減は、必要でもなければ望ましくもない。しかし、だからといって経済成長社会を構築する必要があるとか、それらの国の人々が既に経済成長社会の中で暮らしていたとしても、そこから抜け出す必要はないと結論づけてはならないだろう。既に強調したように、脱成長プロジェクトは、別の形の経済成長や別の形の開発（持続可能な開発、社会開発、連帯的開発など）を目指すプロジェクトではなく、現在とは異なる社会、すなわち「節度ある豊かな社会」ないし「経済成長なき繁栄」の構築を目指すプロジェクトである。言い換えると、脱成長プロジェクトは、別の形の経済の構築を目指すような経済プロジェクトではなく、実在としてだけでなく、帝国主義的言説としても存在する「経済」からの脱出を意味する社会的プロジェクトである。なぜなら経済は、その本来的に節度の欠如の上に成り立っているからだ。

南側諸国は極貧状態から抜け出すために経済成長を必要とするのではないか、という理屈がある。しかし、脱成長プロジェクトは、それを人々がどのような呼称で提案するとしても、南側諸国にとって突飛な考えではない。それどころか逆説的にも、脱成長の最初のアイデアは、南側諸国における開発の被害を分析し非難していた反開発主義者や脱開発主義者の小さな「インターナショナル」がもたらした開発批判の文脈の中で、南側諸国、特にアフリカに関して提案されたのだ。[1] この開発批判は、南側諸国にとっての歴史的なオルタナティブ、すなわちヴァナキュラーな社会や経済活動の自己組織化運動に注目するに至ったが、それは脱成長プロジェクトが掲げる「節度ある豊かな社会」というアイデアに非常に近いものである。[2]

脱成長の哲学は、南半球の社会にも関わっている。なぜならこれらの社会は労働の国際的分業とグ

1 W. Sachs (ed.), *The Development Dictionary*, London, Zed-Books, 1992.
2 拙著 *L'Autre Afrique. Entre don et marché*, Paris, Albin Michel, 1998.

ローバリゼーションの犠牲者であるとともに、拡大成長型経済の構築に参加しているからだ。したがって、これらの社会が経済成長社会へ向かう中で、直面する隘路に深くはまり込むのを回避することが重要である。南半球の社会は「包囲網を解体」しなければならない。つまりはグローバル経済の帝国主義が彼らの辿った道にもたらした様々な障壁を取り除いて、彼らの生存を良かれ悪しかれ可能にしているインフォーマル経済を超えて、社会をこれまでとは別の形で構築しなければならない。しかし、南側諸国において、あらゆる形態の「開発とは異なるオルタナティブ」が成熟するためには、北側諸国の脱成長が必要であることは明らかである。深刻な飢餓と欠乏に陥っているエチオピアやソマリアは、北側諸国の金持ちのペットのための食物を輸出せざるをえない。肉用牛はアマゾンの熱帯雨林を焼き畑して栽培した大豆の油脂分で太らされている。そのため、南側諸国が真の自律性を獲得するあらゆる試みが潰されている。[1]

南側諸国での脱成長の推進は、これらの国が八つの再生プログラム（８Ｒ）の好循環の軌道に乗るために螺旋運動の展開を試みることを意味する。南側諸国に脱成長を導入する螺旋運動は、既述した8Rと補完的かつ代替的なその他の再生プログラム（R）によって組織されるだろう。例えば、断ち切る（rompre）、結び直す（renouer）、再発見する（retrouver）、再導入する（réintroduire）、回復する（récupérer）などがある。北側諸国に対する経済的・文化的従属を断ち切る。植民地主義、開発、グローバリゼーションによって中断された歴史の糸との関わりを結び直す。固有の文化的アイデンティティを再発見

『Q1040　脱成長』について	(51040)

■その他小社出版物についてのご意見・ご感想もお書きください。

■あなたのコメントを広告やホームページ等で紹介してもよろしいですか？
1. はい（お名前は掲載しません。紹介させていただいた方には粗品を進呈します）　2. いいえ

ご住所	〒　電話（　　）		
（ふりがな） お名前	（　　歳） 1. 男　2. 女		
ご職業または学校名		お求めの書店名	

■この本を何でお知りになりましたか？
1. 新聞広告（朝日・毎日・読売・日経・他〈　　〉）
2. 雑誌広告（雑誌名　　）
3. 書評（新聞または雑誌名　　）　4.《白水社の本棚》を見て
5. 店頭で見て　6. 白水社のホームページを見て　7. その他（　　）

■お買い求めの動機は？
1. 著者・翻訳者に関心があるので　2. タイトルに引かれて　3. 帯の文章を読んで
4. 広告を見て　5. 装丁が良かったので　6. その他（　　）

■出版案内ご入用の方はご希望のものに印をおつけください。
1. 白水社ブックカタログ　2. 新書カタログ　3. 辞典・語学書カタログ
4. パブリッシャーズ・レビュー《白水社の本棚》（新刊案内／1・4・7・10月刊）

※ご記入いただいた個人情報は、ご希望のあった目録などの送付、また今後の本作りの参考にさせていただく以外の目的で使用することはありません。なお書店を指定して書籍を注文された場合は、お名前・ご住所・お電話番号をご指定書店に連絡させていただきます。

郵　便　は　が　き

おそれいりますが切手をおはりください。

101-0052

東京都千代田区神田小川町3-24

白　水　社　行

購読申込書

■ご注文の書籍はご指定の書店にお届けします。なお，直送をご希望の場合は冊数に関係なく送料300円をご負担願います。

書　　名	本体価格	部　数

★価格は税抜きです

(ふりがな)

お　名　前　　　　(Tel.　　　　)

ご　住　所　(〒　　　　)

ご指定書店名（必ずご記入ください） Tel.	取 次	(この欄は小社で記入いたします)

し、再び自分のものとすること。忘却され棄て去られた特殊な生産物や過去と結びついた「反経済学的な」諸価値を再導入する。伝統的な技術とノウハウを回復する。この戦略は、ラテンアメリカにおける資源開発主義批判のアプローチや中南米先住民族のブエン・ビビール〔＊訳注—自然と調和して善く生きる、という意味〕という考えに通じるものであるが、またアフリカやアジアにおけるいくつかの提案とも通じている。[2]

だからといって、開発とは異なるオルタナティブは、南側諸国でも北側諸国でも、過去に戻ることで

1 それ以外にも、これら地球規模の「移転」が気候変動に寄与していること、大土地所有者の投機的耕作がブラジルの貧困層から豆を奪っていること、そしてさらには「狂牛病」危機と類似する生物遺伝学的破局のリスクが現れていることが挙げられる。

2 かくして、アルベール・テヴォエジレは一九七八年に、イヴァン・イリイチの教えの影響の下、『貧しさ——人類の富』(*La Pauvreté, richesse des peuples*, Paris, Editions Ouvrières) という著作を出版した。この書籍は成功を収めたが、脱成長の様々なアイデアを先取りするものだ。この著作の中でテヴォエジレは、文化や産業を模倣することを馬鹿げたことだと批判している。彼はアフリカの伝統の一部である簡素な生活を称え、節度を欠いた経済成長社会を、不自然なニーズの戦略的創出、金銭関係の支配によって引き起こされる人間性喪失、環境破壊と共に非難している。最終的に彼は、村落単位の自主生産への回帰を提案した。ラテンアメリカに関しては、A. Bednik, *Extractivisme* (Neuvy-en-Champagne, Le Passager clandestin, 2016) および A. Acosta, *Le Buen Vivir. Pour imaginer d'autres mondes*, trad. M. Barailles, Les Editions Utopia, 2014 を参照されたい。

もないし――それは不可能である――、「経済成長を崇拝しないパラダイム（a-croissance）」の単一モデルを押し付けることでもないだろう。排除された人々、すなわち「開発の遭難者」にとっては、失われた伝統とアクセス不可能な近代の何らかの統合のみが存在しうるのだ。これは、二重の課題として要約される逆説的な方程式である。創造性と創意工夫が経済主義的・開発主義のくびきから解放されたならば、開発を立て直すために社会的発明の豊かさのすべてに賭けることができる。脱開発パラダイムは多元的なものであり、環境や社会関係を破壊する物質的豊かさが特権化されないような社会の成熟様式の探求を意味する。良い生活の目標は、文脈に応じて多様に描かれる。言い換えると、様々な新しい文化を再構築ないし再発見することが重要である。

第三章　誤解と論争

脱成長プロジェクトは、論争的挑戦であるため、偶像破壊的なスローガンの次元を超えて、様々な誤解や反対を引き起こさずにはおれない。誤解と論争の区別は多分に恣意的であるが、しばしば話し手の善意ないし悪意の程度に依拠している。脱成長の敵対者から発せられる誤読は大なり小なり意図的なものであり、ある種の論理矛盾に似ている。他方で脱成長に共鳴する者《シンパ》からの反論は、多くの場合、何らかの勘違いに基づいている。本章では、善意ある対話者との理論的議論から、ときに知的に不誠実な論敵との論争へと少しずつ移っていく。脱成長プロジェクトの中で賭された経済的関心と政治的情念は多大であるので、そうする以外にはない。

1　脱成長は、マイナス成長や緊縮財政のことなのか？

二〇〇八年の金融危機以降、脱成長派は、「脱成長、だが、我々は既に脱成長状態だ！」と反論されることが珍しくない。例えばイタリアやギリシアなどの多くの先進国が、この時期に景気後退を経験した。すなわち言葉の文字通りの意味で国内総生産の縮小である。この反駁は脱成長プロジェクトを敵視する者だけでなく、プロジェクトをよく理解していない共鳴者からも発せられることがある。[1] これは、「脱成長」という言葉を字義通りにではなく、生産力至上主義神話の言語体系を破壊する論争的スローガンとして捉えるべきであることを理解しない人々による、古典的な誤解である。言い換えると、脱成長というオルタナティブなプロジェクトを、経済学者がこれまで「マイナス成長」と呼んできた具体的現象と混同してはならない。マイナス成長とは、経済成長社会が盲目的に崇拝している指標である国内総生産の後退を意味する逆説的表現である。マイナス成長とは、より古典的には、経済学事典が「景気後退」や「恐慌」、さらにはっきりと「衰退」（もしくは一九八九年以後のソビエト連邦経済の場合であれば「崩壊」）と呼ぶ現象である。

既に議論したように、脱成長社会の構想は「マイナス成長」とは根本的に異なる。少なくとも、何人かの論者がしているように、我々は「無理強いされる脱成長」に反対して「自主的に選択する脱成長」

を提案することができるだろう。「自主的に選択する脱成長」は、例えるならば、過剰消費による肥満の脅威に晒される場合、生活の質を改善するために自発的に実施される減量療法のようなものである。「無理強いされる脱成長」は、飢餓によって死に至らしめられうる強制された食事制限のことだ。しかし、あらゆる曖昧さを回避するために、「脱成長」という言葉は、社会科学事典に載っている独創的なプロジェクトのみを意味するものとして使うことが望ましい。

反対に、経済成長が起こらない経済成長社会ほどひどいものはない。この点に関して、ただし、この点に関してのみ、経済成長に固執する人々は正しい。[2] 彼らが言うには、「経済成長がなければ、いかな

---

1 第一のケースの代表例は、二〇〇八年十一月二十三日（日）、二十四日（月）付のル・モンド紙に掲載されたピエール・アントワーヌ・デロメの論説である。第二のケースは、オルタ・グローバリゼーション運動家ミシェル・アッソンによるもので、雑誌『ポリティス（*Politis*）』第一〇一六号（二〇〇八年九月四日発行）に「景気後退＝脱成長？」というタイトルで掲載された。ダニエル・コーン＝バンディも例外ではない。彼は、「脱成長に関する議論はもう存在しない。我々は押し付けられた脱成長状態にある。この脱成長状態は、経済の完全な機能不全による崩壊、失業を強いられる人々など、一連の破局を引き起こしている」と述べている（*Que faire ?*, Paris, Hachette Littératures, 2009, p. 169）。

2 代表的な論者は、*La Croissance ou le Chaos*, Paris, Odile Jacob, 2006 におけるクリスチャン・ブラン（Christian Blanc）だ。

る社会政策も郊外《バンリュー》を改善できないだろう。経済成長がなければ、社会的昇進の希望も消え失せるだろう。経済成長がなければ、財政赤字スパイラルの終焉や債務の返済を期待することも無駄である」[1]。確かに、経済成長の速度を緩めるだけでは我々の社会は分裂する。なぜなら失業が起こり、貧富の格差が増大し、最貧困層の購買力が打撃を受け、市場社会における最低限の生活の質を保証する社会政策、公衆衛生政策、教育政策、文化政策、環境政策が破棄されるからだ。我々の政府が押し付ける緊縮政策を通じて、マイナス成長率の持続がどのような破局とどのような社会的・文明的後退となりうるかを想像できる！

まさにこの状況がアンドレ・ゴルツをして次のように言わしめたのだ。「経済成長と生産の後退は、（自動車の数が減り、騒音公害が減り、空気がきれいなり、労働日数が短くなるなど）別の社会体制においては良いことでありえるかもしれないが、〔経済成長社会では〕大きなマイナス効果を生み出すだろう。例えば、環境汚染を引き起こす生産物は、大衆の手に届かない贅沢品となるに違いない。しかし特権階級はそれらの生産物を享受し続けるだろう。不平等は拡大するだろう。貧困層は相対的により貧しくなり、富裕層はより裕福になるだろう」[2]。このようにゴルツは、節度ある豊かな社会と経済成長の起こらない経済成長社会の対比を予見した。しかし、我々が社会の進化の経路を変えない場合、我々を待ち受けているのはもっとひどい状況だ。危機が長引いた場合、我々はお金による狂暴な配給制を経験することになるだろう。それはおそらく、より一層暴力的な地球規模の紛争を導くだろう。このような状況はファシズムと外国人排斥運動の温床となるだろう。ファシズムと外国人排斥運動の兆候は既に現れており、それらは最終的に、人類が文明崩壊を生き残った場合、全体主義的独裁体制による欠乏の管理を導くだろう。サイエンス・フィクションはこのような独裁体制が起こりうるシナリオをうまく描いている。[3]

2　脱成長は文明の後退か——電気のない時代に戻るのか？

脱成長派に対する批判でよくあるのは、蠟燭や洞窟の暮らし、さらには石器時代や暗黒の中世に連れ

1　ニコラ・サルコジの大統領選のブレーンだったアンリ・グエノは、「持続可能な経済成長のために」（*La Croix* 誌、二〇〇六年十月二十三日付）という論文で、「不平等は経済成長の原動力であり、経済成長は不平等を支持しうるものにしうる唯一のものだ。経済成長は貧困層の苦悩を和らげる豊かさを約束するものである。これに対して定常状態は、何も変わらないことを望む金持ちの夢想だ」と述べている。

2　André Gorz, « Leur écologie et la nôtre »。初出は一九七四年四月十二日付の *Le Sauvage* 誌で、後に *Ecologie et politique* (Paris, Seuil, 1978)〔アンドレ・ゴルツ『エコロジスト宣言』高橋武智訳、緑風出版、一九八三年〕に再録された。

3　最もよい例は、リチャード・フライシャー監督による映画『ソイレント・グリーン』（一九七三年）である。この映画の原作は、ハリー・ハリソンが一九六六年に出版した小説である。

戻そうとしているというものだ。端的に言うと、自律的で簡素な社会の構想は反近代的なプロジェクトであるというのだ。それは節度ある豊かさからも程遠いというのだ。

経済成長パラダイムに反対する人々は、この挑戦を引き受け、米国のアナーキストのポール・グッドマン流に自らを「新石器時代的な保守主義者」[1]と定義しうるだろう。事実、マーシャル・サーリンズがその有名な『石器時代の経済学』[2]で分析するように、石器時代はある種の節度ある豊かさに通じている。つまり、ニーズが少なく、ニーズを満たすための「義務的」活動（狩猟、漁撈、採集）も少ないので、余暇と遊びの時間が多い。同様にイヴ・コシェは、「ニューギニアのパプア民族は生存経済である農作業に一日二時間以上を費やすことはない。アマゾン流域の先住民であるクイクロ族や十月革命以前のロシアの農民も同様である」と述べている。コシェは続けて次のようにも述べている。「植民地政府の行政官は、この制度化された低生産に驚かずにはおれなかった。まるでこのように生活する現地の人々が、生産の強化よりも芸術や乱闘や休息を好んでいたかのようであったからだ。これらの社会集団は、農作業の時間の増加が限界生産量の補完的増加をもたらすことにしかならないという直観を持っていたのだろうか？　言い換えると、彼らは農業の集約化がヘクタール当たりの収穫を増加させるが、同時に時間当たり生産性を低減させるという知識を学んでいたのだろうか？　反対に、他の社会は、特に人口増加の影響の下で、農業の集約化へ踏み切ったが、それは複雑性の増加（草刈、耕作、土壌の肥沃化、灌漑、種まき、収穫、商品化、加工、供給、小売）と莫大なエネルギーの消費をもたらした」[3]。

理想化された過去（伝統的、原始的社会）へのノスタルジーを表明するロマン主義的な経済成長反対者がいる。これは、米国の「アナーキスト的原始主義者」のジョン・ザーザンのケースである。[4] 脱成長の先駆者の中でもアナーキズムの系譜に属する人々――現在では忘れられているが――、そして自然回帰派の人々は、犬儒学派のディオゲネスの哲学を想起させなくもないそのような考えを二十世紀初頭に支持・実践した。[5] しかし、このような禁欲主義が大半の人々にとって魅力的であることはほとんどな

---

1 ポール・グッドマン（一九一一―一九七二）――脱成長の先駆者であり、イヴァン・イリイチの友人。主著に *Direction absurde* (trad. M. Grandin, Robtert Morel, 1971)〔ポール・グッドマン『不条理に育つ――管理社会の青年たち』片桐ユズル訳、平凡社、一九七一年〕がある。

2 M. Sahlins, *Âge de pierre, âge d'abondance. L'économie des sociétés primitives*, trad. T. Jolas, Gallimard, 1976〔マーシャル・サーリンズ『石器時代の経済学（新装版）』山内昶訳、法政大学出版局、二〇一二年〕.

3 Y. Cochet, *Pétrole apocalypse*, *op.cit.*, p. 167.

4 この著者に関しては、例えば *Twilight of the Machines*, Port Townsend, Feral House, 2008 を参照されたい。

5 E. Helmer, *Diogène et les cyniques ou la Liberté dans la vie simple* et F. Jarrige, *Gravelle, Zisly et les anarchistes naturiens contre la civilisation industrielle* (Neuvy-en-Champagne, Le Passager clandestin, « Les précurseurs de la décroissance », 2014 et 2016) を参照のこと。特筆すべきは、一部の破局主義者のなかには「過去へ大きく飛躍する」展望を掲げる人がいる点だ。これは石器時代回帰の幻想を育む展望だ。かくして、オルドヴァイ（パラントロプス・ボイセイとホモ・ハビリスが発見されたタンザニアの先史時代遺跡の名称）理論の著者である

く、そのような視座に基づく社会変革プロジェクトが民主的に採用されることは稀である。

また、「節度ある豊かさ」の主流の意味は、我々が馴れ親しんでいる生活様式と近い快適な生活の維持、少なくとも過剰と浪費の生活様式を目指してはいないだろうか。確かに、いくつかの配列《シークエンス》を逆転し、生活のサイクルを別の方向に進めなければならないとしても、過去に戻ることは——望んだとしても——不可能だ。生産力至上主義によって生じた様々な「喪失」があり、それらを嘆き回復しようと願うことは、まったくもって妥当である（特に、きれいな空気や水など）。ある程度の「退行（regrès）」を正当化しつつも、我々の「後悔（regrets）」の大きさは進歩の過剰さに比例する。それゆえに脱成長は、ある側面では、過去への回帰を想定しなければならないのだろうか？　フランソワ・ブリュンヌが見事に指摘していることだが、「近代を問い直すテロリスト」にとって最高の侮辱は「お前は後衛の戦闘をしている！」と言われることだ。彼は次のように答えている。「確かにそうだ。我々は後衛の戦闘をしている。だが逆説的にも、この戦闘は未来の戦闘となるのだ。なぜなら、軍隊が隘路に嵌ったとき、早晩、半回転しなければならない。そのとき、後衛は前哨基地となるのだ！」[1]。「逆行する者」は、最後には「本物の」進歩派となる！　本当に進歩的でなければならないのなら、「間違った道へ遅々として進まないのは、常に進歩的だ！」[2]と反論できるだろう。

以上で述べたことにも関わらず、ある程度の消費と生産の削減が心身の健康のために必要であり、多くの場合それが望ましいものであったとしても（例えば、原子力発電、自動車）、禁欲主義が生態系の均衡のために必要でないのであれば、そうする理由はない。

論争を超えて、具体的にどの程度まで自然資源の消費を削減する必要があるのかという「技術的」問題がある。何よりもまず、維持可能なエコロジカル・フットプリントを回復すること、すなわち生態系に対する天引きが維持可能な水準になるために我々の生活様式を修正することが重要だ。フランスにとって、この「後戻り（recul）」は、あらゆる条件が同じならば、統計的には後退することになる。しかし、石器時代や工業化以前の社会に戻ることにはならない。一九六〇年代の生活水準に戻ることが必要となるのだが、一九六〇年代は決して石器時代ではない……。[3] しかし、すべての条件を同じにして

リチャード・ダンカンにとって、人類は、一〇〇年間（一九三〇―二〇三〇年）の特殊な期間を経て化石燃料と産業社会が消滅した後には、大なり小なり石器時代に似た生活に戻ると予想される。

1 F. Brune, *Casseurs de pub*, no. 18, novembre 2003 ; repris in F. Brune, *De l'idéologie aujourd'hui*, Lyon, Parangon/Vs, 2004, p. 165.

2 *Ibid.*, F. Brune, *De l'idéologie aujourd'hui*, *op.cit.*, p.163 も参照されたい。

3 エリュールによると、「数年前に世間で言われていたように、原子力発電所の建設を中止したら我々は一九五四年のエネルギー消費に戻ることになると言うことは、技術官僚にとっては恐ろしいことなのだ。技術官僚はその発言を「お前は中世に戻りたいのだ」と解釈する。彼らにとって一九五四年は「中世」なのだ！　だから経済成長する以外にはないのだ」。（J. Ellul, *Le Bluff technologique*, *op. cit.*, p. 47.）

考える必要はない。なぜなら一九六〇年代当時、我々は既に（そしてずっと前から）際限なき経済成長社会の宿命的ともいえる発展経路を辿っていたのだから。それとは逆に、これまでとは違う方法で分かち合いを行ったり、環境効率性の観点から生産や進歩をもっと慎重に選択したり、本当の幸せの源泉である社会関係財の発展やコモンズの回復に尽力したりすることで、当時と同じ水準の――さらにはもっと少ない――自然資源消費量でより良く生活することが大切だ。イヴァン・イリイチが的確に指摘していることだが、「過去に実現されたあらゆる種類の道具の中で、効率性を重視する社会や活動様式と自立共生を重視する社会や活動様式を同時に可能にしたものはありません。しかし今日、わたしたちは、人間を機械の奴隷にも人間の奴隷にもしない道具を構想することができます」[1]。プロメテウス的なテクノサイエンスの批判は必要であり、自己制御の倫理も同じく必要である。このことは、必要だとされる様々な仕事を助け、社会関係を円滑にしてきた人間の創意工夫の蓄積――特に自立共生的な道具――を完全に手放すことを意味しない。

3　脱成長と人口問題

脱成長に関する議論には、「生態学的危機は何よりも地球の抱える人口が過剰であることに起因するのではないか？」という反論がつきものだ。脱成長は必要であるが、まずすべきは人口の縮減ではないかという議論だ。確かに、人口は脱成長をめぐる議論においては避けられない要素だ。しかし、脱成長を人口問題に還元するのはこのプロジェクトを誤解している。この反論は、我々の社会体制における経済的過剰を問い直そうとしない人々によってしばしば進められている。自然資源の不足と生物圏の再生能力の限界ゆえに我々の生活様式を問い直さざるをえない場合、この問題に対する怠慢な答えは、人間の数を減らして持続可能な状況を再確立するというものだ。この対案は、社会関係にも現行の体制を動かす論理にもメスを入れないので、この世界の多くの人にとって納得がいくものである。かくして、脱成長を知る一部の企業経営者や政治家は、出生率の抑制を解決と考えている。[2] 生態学的問題を解決するためには、帰一算をして人類の規模を地球の潜在能力に合わせるので十分だろうというのだ。マルサスの分析を彷彿させる機械論的分析は、ことあるごとに復権し、世界人口は経済成長の時代、すなわち

1 I. Illich, *La Convivialité, op. cit.*, p. 61〔イヴァン・イリイチ『コンヴィヴィアリティのための道具』渡辺京二・渡辺梨佐訳、ちくま学芸文庫、二〇一五年〕.

2 これらの人々の中には、ゴールドマン・サックス証券で働いていたウーグ・リアランがいる。彼は「繁栄する脱成長」――二〇〇九年のフランス企業連合（Medef）夏季大学におけるラウンドテーブルのテーマ――という考えに転向した。その他では、フィアット社のエンジニアであるアウレリオ・ペッチェイもそうだ。彼はローマクラブ設立者であり、有名なメドウズの報告書（『成長の限界』）の出資者である。

熱工業的資本主義の時代と共に爆発したことを強調する。石油という豊富で安価なエネルギー資源の利用は〔生産活動の〕、驚異的飛躍を可能にし、十八世紀に六億人だった世界人口は、今日七〇億人以上に増加した。二〇五〇年には九〇億から一二〇億人に到達すると予測されている。（生態学的危機の他のすべての要素に加えて）この再生不可能なエネルギー資源の消滅は、地球の環境収容能力に見合った人口規模に戻ることを我々に促している。それは、工業化以前の人口規模に近い。[1]

際限のない経済成長が有限の世界と相容れないのであれば、人口増加もまたそうであることは明らかである。地球は五一〇億ヘクタールしかなく、テクノサイエンスの成果がどんなものであれ、無制限の数の人間を支えることはできない。脱成長運動が参照にしている著者——経済成長の限界を明らかにした思想家（ジャック・エリュール、ニコラス・ジョージェスク＝レーゲン、イヴァン・イリイチなど）——が、人口超過に警鐘を鳴らしたのはそのためである。しかし、彼らの大多数は現体制を擁護しなかった。一九七四年の仏大統領選に立候補したエコロジストのルネ・デュモンは、人口問題を真剣に取り上げた。その「ユートピアを選ぶか、さもなくば死を選ぶか」というマニフェストにおいて、彼は「否！際限のない人口増加は不可能だ」と宣言し、人口減少を推奨した。ニコラス・ジョージェスク＝レーゲンにとって、地球が早晩人口超過になること、そして人口の大胆な削減を講じなければならないことは疑いようもないことだった。一九七五年に彼はある政策を提案したが、政策の第三番目は「有機農業によって適切に養える水準まで人口の漸次的削減」を主張した。[2] コルネリュウス・カストリアディスもまた、「人口爆発と環境問題の関係は明らかだ」[3]と述べている。

それでもやはり、脱成長がまず問い直すのは、物質的生産の増大を目的とする経済成長の論理であり、人口規模の大きさではない。たとえ人口を大幅に削減したとしても、欲求の無制限の増加はエコロジカル・フットプリントの超過をもたらすだろう。イタリアはこの逆説的状況の良い例だ。イタリアの人口は減少しているが、エコロジカル・フットプリント、生産、消費、建設事業による自然や風景の破壊、地域の景観の破壊とそのコンクリート化は増え続けている。マレイ・ブクチンが的確に指摘しているように、「世界人口が一〇〇〇万人であろうが一〇〇億人であろうが、資本主義市場経済の食うか食われるかの野蛮な力学は、生物圏の全てを貪りつくすだろう」[4]。世界のすべての人がオーストラリア人

---

1 これは、特にウィリアム・スタントンがその著作 *The Rapid Growth of Human Population (1750-2000). Histories, Consequences, Issues, Nation by Nation*, Brentwood, Multi-Science Publishing, 2003 で主張している議論である。

2 «L'énergie et les mythes économiques», repris in *La Décroissance*, cité par F.-D. Vivien, *Le Développement soutenable*, Paris, La Découverte, «Repères», 2005, p. 101.

3 C. Castoriadis, *Une société à la dérive*, Paris, Seuil, 2005, p. 243.

4 A. Naess, *Ecologie, communauté et style de vie*, trad., C. Ruelle, Paris, MF, 2008, p. 342 から引用〔アルネ・ネス『ディープ・エコロジーとは何か――エコロジー・共同体・ライフスタイル』斎藤直輔・開龍美訳、文化書房

と同じように生活したとすれば、世界はすぐに人口超過になり、人口の九割を削減しなければならなくなるだろう。五億人以上は住めなくなる。戯画的方法で経済成長反対者の主張の要点をまとめるならば、多すぎるのは人間ではなくむしろ自動車である。言い換えると、予測される文明崩壊の主犯格は人口爆弾ではなく、生産力至上主義の爆弾である。[1]

それでは、可能ないし望ましい持続可能な世界人口の規模はどのくらいだろうか？　答えは簡単ではない。持続可能な世界人口という概念はまったく相対的なものだ。米国の生活水準を譲れないとした場合、世界人口の多くは消滅せざるをえないことは確かだ。逆に、最底辺のブルキナファソ人の食習慣はさらに大きな人口を抱える余地を提供する。最初のケースでは世界人口は約十億人まで縮小しなければならないのに対して、二番目のケースでは二三〇億人まで増加する。しかし、国連食糧農業機関（FAO）のように利用可能なカロリーを計算するこの量的アプローチは興味深いものではあるものの、問題を引き起こしている最たるもの、すなわち我々の経済システムの節度を失った論理を隠蔽する傾向がある。この経済システムの論理が鎮圧され、必要不可欠なパラダイム・チェンジが実現すれば、人類はその再生産を制御すべきだということを理解しながら、人口問題はもっと穏やかに議論・解決されうるだろう。

脱成長社会の構築はこれらの課題に取り組まねばならないが、満足いく答えは思考可能であり、かつ実現可能だ。様々な制約には弾力性がある。今や健康問題の原因となっている富裕層の行き過ぎた肉食習慣のために、地球の耕作地の三三％（加えて、天然の牧草地を構成する地表の三〇％以上）を食肉の生産に捧げなければならない[2]。家畜の扱いを改善して畜産を相対的に縮小することで、より多くの人口をより健康な方法で養うと同時に、二酸化炭素の排出量も削減できる[3]。我々は、アナーキストの脱成長理論家ジャン＝ピエール・テルトレと共に、「投げかけられている問題は、もはや人類の変化の数学的側面を検証することではない。今世紀のうちに人類は人口の安定化に必ず向かうはずだ。中心的な問題は、この人口変化が様々な出来事、権威主義的政治体制、抑圧や野蛮に基づく方法によって強制されるのか、それとも人々の自発的な選択から生じ、生殖の欲望がいわゆる「啓蒙されたエリート」によって計画されることを拒否することになるかを知ることである[4]」と言うことができる。

博文社、一九九七年〕。

1 有名なP. Ehrlich, *La Bombe P* (1968), trad. française, Les Amis de la Terre, 1971〔ポール・エーリック『人口爆弾』宮川毅訳、河出書房新社、一九七四年〕を参照されたい。同書における二〇世紀末の終末論的予測は実現しなかった。

2 T. Paquot, *Petit Manifeste pour une écologie existentielle*, Bourin Editeur, 2007, p. 13.

3 畜産は人間の活動に由来するメタンガス排出量の三七％を引き起こしていること、加えて運輸部門と同等の二酸化炭素排出量を生み出していることを留意されたい。（*ibid.*, p. 13.）

4 J.-P. Tertrais, *Du développement à la décroissance. De la nécessité de sortir de l'impasse suicidaire du capita-*

締めくくりの言葉は、人類の賢い従妹であるボノボに詳しい専門家にお願いしよう。フランス・ドゥ・ヴァールは、「右肩上がりの世界人口が提起する問題は、人口超過を管理できるかどうかを知ることではなく、誠実さと公平さをもって資源を分かち合うことを学ぶかどうかを知ることである」[1]と述べている。ここにこそ脱成長の真の課題がある。

4　脱成長と雇用――失業問題をどう考えるか?

経済成長主義者、もしくは――より端的に言えば――現代社会の一般的な人々にとって、完全雇用は経済成長と密接に結びついている。栄光の三〇年の終焉以降、失業は再び産業社会の悪夢となった。新しい技術は雇用を創出する以上に破壊する。これに対して「わずかな」経済成長(年率一%か二%のGDP成長)は、古参の工業国の宿命に思えるが、失業を減らすには不十分である。脱成長はしばしば「マイナス成長」と誤解されており、たとえ生態学的には望ましいものであったとしても、社会的には破滅的なものに見える。なぜなら完全雇用を回復するには、より強力な経済成長、言うならば二桁台の経済成長が必要だろうからだ。この条件において、脱成長プロジェクトの採用は失業を悪化させてしまうと人々は考える。事実はその反対であり、もし我々がこのプロジェクトを根本から理解するならば、そんなことには決してならない。なぜなら経済成長社会からの脱出を実践することによってのみ、まっとうな《ディーセント》生活水準を可能にする良識的な活動を万人が享受する展望が得られるからだ。

誤解の多くは、経済成長社会の精神構造から抜け出すことの困難さから生じている。既に確認したように、経済成長のない経済成長社会は最悪の事態だ。しかし、それは脱成長プロジェクトとは何の関係もないことだ。脱成長社会がすべての人に対して自律的活動（初期段階では賃金労働も）を難なく維持するだろうと考えるに、十分な理由がある。経済成長反対派にとって、消費すなわち経済成長による「景気刺激」を（原則として）排除するならば、経済の必要な再転換とその結果として起こる労働時間の削減は、失業問題解決に必要な手段である。

生産力至上主義と南側諸国の労働者搾取を放棄すれば、十分な（中間消費の大幅な削減によって獲得される）最終消費水準を満たすために、おそらくはより多くの労働が〔北側諸国内部に〕必要となるだろう。そしてこれ〔＝労働需要の増加〕は、今より低い物質的消費水準でも起こるだろう。

さらに、産業の再ローカリゼーションとエコロジー的再転換は、それだけで多くの雇用を創出するだ

---

lisme, Paris, Editions du Monde libertaire, 2004, rééd. Revue et augumentée, 2006, p. 37.

1 F. de Waal, *Le Singe en nous*, trad. M.-F. de Paloméra, Fayard, 2006, p. 213〔フランス・ドゥ・ヴァール『あなたのなかのサル――霊長類学者が明かす「人間らしさ」の起源』藤井留美訳、早川書房、二〇〇五年〕.

ろう。市場のグローバリゼーションが何よりも社会的・財政的・生態学的なダンピングを推進する世界の商品化、すなわち地球規模での殺戮ゲームであったことを念頭に置くならば、産業の再ローカリゼーションは事実上「脱グローバリゼーション」を意味する。最小限のローカルな自給自足を回復することは、持続可能なレジリエンスを高め、生態学的危機という課題に取り組むための条件である。地域内市場の再生は産業の脱ローカル化――地域の自立に必要な諸活動の大量出血現象――に歯止めをかけ、輸出の不可避的損失以上に雇用を再創出するだろう。

特に農業部門では、労働の人工的な生産性を部分的に手放して、農薬と化学肥料を大量に使用する工業的農業を破棄するならば、生産を増加しなくても雇用創出が起こると考えられる。フランス有機農業連合の研究によると、もし有機農業生産量が現在の残念な二%からオーストリア並みの九%に増加するならば、フランス国内で九万人の雇用が創出されうる。一五%まで増加するならば、一二万人から一五万人の雇用が生まれるだろう。この推計に従うならば、一〇〇%になった場合、これは経済成長反対派が望んでいる目標だが、一〇〇万人以上の雇用が創出される。しかし、これは十九世紀の状況、すなわち労働人口の四〇%が農業に従事していた時代に戻ることにはならない。適正な技術進歩のおかげで、農業人口はむしろ一〇%から二〇%の間に落ち着くだろう。これは現在の割合(三%から五%の間)と比較して理にかなった数値である。[1] 再生可能なエネルギーの発展は、石油や原子力エネルギーの代替となるだけでなく、雇用創出に大きく貢献するだろう。

政策アジェンダとなりつつある有名なエコロジカル・トランジションのプログラムは、これらの展望のいくつかを的確に予見した。しかしその実現はなかなか難しく、「緑の経済成長」の解決不可能な矛盾の中で身動きがとれなくなっている。

安価な石油の終焉によって、化石燃料がこれまで常に雇用の敵だったことに我々は否応なしに気づかされる。なぜなら化石燃料は労働の代わりに資本を使う技術的過程を推進してきたからだ。かくしてトラクターは動物による耕作にとって代わり、農業労働力を削減した。ライン生産方式、自動化《オートメーション》、そしてロボットは工場労働者を駆逐した。小規模生産装置を備えた小さな作業場による自主生産を発展させれば、新しいタイプの職人による偉大な活動によって万人の基本的ニーズを満たすことができるだろう。そのような自主生産は、結果的に洗練されており、だがしかしエネルギーをほとんど消費しない。自律性と自立共生的な道具に関するイヴァン・イリイチの思索を深めながら、イングマール・グランステッドは、効率の良い小型化された生産装置を備えた「ヴァナキュラーな」作業場の創出を提案した。重要なことは、工業化とプロメテウス的なテクノサイエンスの成れの果てである、規模の大きさの探

1　米国では、専業農家の人口がほとんどいないため、二〇〇〇年の国勢調査は職業リストの中にこのカテゴリーを設けなかった。R. Heinberg, *Pétrole, la fête est finie ! Avenir des sociétés industrielles après le pic pétrolier*, trad. H. Duval, Paris, Demi-Lune, « Résistances », 2009, p. 250 を参照のこと。

求と他律性から抜け出すことだ。例えば織物作りに関して、グランステッドは次のように述べている。この「我々は、紡糸、糸送り、機織りをキャビネット・サイズの小さな機械一つで行うことができる。この機械はヴァナキュラーな作業場に置いてあり、界隈に暮らす人々が利用できる。［……］同様に、紙のリサイクルに関して、我々は十分に小さくてシンプルな製品を既に所有しており、需要に応じて一週間単位で貸し出すことができる。界隈や自治体に根差したこの機械には、断裁機、ホチキス、フィルム接合機をつけることが可能だ。そうすることでユーザーはノートや冊子を作ることができる。また、コピー機や他の軽い再生産用装置を追加することもできるだろう」[1]。

技術的に複雑だが自立共生的な道具によって実現したこの脱工業化の結果は、我々がこれまでとは違った方法で生産活動を行えることを、そしてすべてにおいて自律性が高まるわけではないにせよ、その範囲はやはり大きいことを証明していると言えるだろう。グランステッドは、「ローカルな自己組織化の能力が高まってこそ、各コミュニティないし地域はその社会的・経済的変化を制御し、世界に開かれたまま地域の独自性を発明できるようになるだろう」[2]と結論づける。

さらに、法定労働時間の大胆な削減は、働きすぎの経済成長社会から抜け出すためだけでなく、自然資源消費の三分の二を削減するという（フランスの）目標の中で、すべての人に満足行く雇用を保証するためにも必要な状況だ。労働時間の削減が効果を発揮するためには、大幅な削減でなければならず、また当然のことながら、脱成長が含意する他のあらゆる物質的・精神的変革が伴わねばならない。フランスにおける三十五時間労働が雇用を創出したにも関わらず「失敗」したのは、この良識的な政策と支配的な資本主義システムとの相性がどれほど困難なものだったかを示している。[3]

これまでの議論をまとめると、〔雇用政策に関して〕我々は五つの要素に直面している。（1）経済学者が計算しているように、理論的には生産性の全体的な低下が起こる。この生産性の低下は、熱工業モデルの破棄、環境汚染を引き起こす技術および化石燃料の無分別な利用の拒否、エネルギー浪費型の生産装置の破棄という事実から必然的に導き出される結果である。（2）様々な経済活動を再ローカル化し、南側諸国の搾取を止める。（3）新しい経済活動セクターにおいてエコロジカルな活動に従事する雇用を創出する。（4）生産活動に費やす時間を望ましい分だけ大幅に削減する。（5）生活様式を変革し、

1　I. Granstedt, *Du chômage à l'autonomie conviviale*, Lyon, Editions A plus d'un titre, «La ligne d'horizon», 1982 ; rééd. 2007, p. 52-56.

2　*Ibid.*, p. 70. アンドレ・ゴルツは晩年に近い考えを発展させた（ゴルツの論文 «Crise mondiale, décroissance et sortie du capitalisme», *Entropia*, no 2, 1er semestre 2007 を参照されたい）。

3　一方で、ヨーロッパ単一市場と競争的なグローバル化の枠組みにとどまる以上、独自政策をとることは不可能だろう。他方で、生産力至上主義からの真の脱出という展望がなければ、三十五時間労働政策はその象徴的射程の大部分を失うだろう。我々の社会において労働が中心的位置を占めていることを問うことは、拡大成長型経済の基盤を揺るがすことを意味する。

不要なニーズを無くす（広告、観光、運輸交通、自動車産業、アグリビジネス、バイオテクノロジーなどの「経費削減」）。最初の四つの現象は必要な労働者の数を増やす方向に働き、最後の現象はその逆の方向（不要な労働を減らす」に働く。[1]

いずれにせよ、脱成長社会は、生産力至上主義の危機を一時的に緩和したり経済成長の幻想を延命させるために北側諸国の政治家がするように、非市場の活動を半ば人為的に賃金労働に転換して寄生的ないし隷属的な雇用を増殖させるよりはむしろ、望む人すべてに生産的な賃金・非賃金雇用を提供しなければならないだろう。

1 似たような視点から、ジャン・ギャドレは経済セクターごとのバランスシートの作成を試みている（Jean Gadrey, *Adieu à la croissance*, Paris, Les Petits Matins, Alternatives économiques, 2010, p. 109 *sq.*）。

第四章　脱成長社会への移行を成功させる

経済成長社会の隘路からの脱出は、もちろん、これまでとは違った世界、簡素な生活と節度ある豊かさからなる世界を構築するための道を発見することを意味する。したがって、脱成長プロジェクトは二つの世界の間を移行するプロジェクトである。[1] しかし、これまで見てきたように、脱成長プロジェクトはオルタナティブそのものではなく、グローバル化した資本主義に取って代わる様々なオルタナティブの母胎である。脱成長は経済の「全体主義」の抑圧を取り除き、人間の進化の歩みを多元的な未来と創造性あふれる空間へと再び開く。何よりもまず重要なのは、地球の画一化と文化の自殺の主因である合理的経済人《ホモ・エコノミクス》パラダイム、ないしは哲学者ヘルベルト・マルクーゼが言うところの「一次元的人間」パ

1　移行プロジェクトは、M. Bonaiuti, *La Grande Transizione. Dal declino alla società della decrescita*, Turin, Bollati Boringhieri, 2013 において描かれている。

ラダイムから抜け出すことだ。[1]
経済成長という観念をもたない社会は、ヨーロッパ、サハラ以南アフリカ、ラテンアメリカ、テキサス州、チアパス州、セネガル、ポルトガル〔といった地域ごと〕において、同じ方法では確立されはしないだろう。したがって、我々は脱成長社会の万能モデルを提案することはできない。何らかの政治体制をあらかじめ概念化することは新たな隘路と矛盾を導くからなおさらである。自分たちのものではない法律からどうして自律社会を構築できようか？　生産力至上主義的ではない持続可能なあらゆる社会の基本条件（八つの再生プログラム＝8R）を素描する以外は、多様性と多元主義が尊重される。
この移行を実行に移すための政策は、今ある状況を修正することが重要なのだから必ず改良主義的なものになるだろう。しかし、だからといって、改良主義に甘んじることを意味しない。結論として、脱成長を明確に主張しない「オルタナティブな」提案の多くは、これらの政策の中にそれぞれの居場所を見出すことが可能だ。このように脱成長は、多くのセクター・レベルないしローカル・レベルの社会闘争に方向性を与える一般的枠組みを提供し、〔これらの闘争の間に〕戦略的妥協と戦術的連携を推進していく。既に確認したように、問題は権力を掌握することではなく、制度化された権力に対して良い方向に進むように要求することなのだから、なおさらだ。しかし、経済想念からの脱出が含意するのは具体的な断絶である。市場社会が依って立つ経済主体の貪欲の解放（常により大きな利潤の追求）に歯止めをかける様々なルールを制定することが重要だ。例えばそれは、生態学的・社会的保護主義の導入、労働法の見直し、企業規模の制限などである。第一に、人類学者カール・ポランニーがいみじくも「擬制的」と形容した、労働・土地・貨幣の三つの商品の「脱商品化」が必要である。なぜなら三つのうちのいずれも販売のために生産されてはいないからだ。[2] これら三つの擬制的商品をグローバル化した市場から退かせることは、経済の社会への再埋め込みの出発点となると同時に、「資本主義の精神」に抵抗する闘いの第一歩となる。

幸福を「連帯的な社会における節度ある豊かさ」と再定義することは、脱成長プロジェクトがもたらす断絶の一つに対応するものであり、ニーズと製品の無制限な創造という悪循環とそれが引き起こすフラストレーションの増加から抜け出すことを意味する。社会の全領域の数量化と今日流行する計算への執着は、世界の全商品化を進めるグローバル資本主義制度の暴力の一つにすぎない。脱成長運動が抵抗しているのは、新自由主義グローバリゼーションが実現しようとしてきた、この世界の商品化に対してである。個人レベルおよび社会レベルでの自己制御は、経済成長なき繁栄に到達して文明崩壊を回避す

---

1 H. Marcuse, *L'Homme unidimensionnel*, trad. M. Wittig, Paris, Seuil, «Points», 1970〔ヘルベルト・マルクーゼ『一次元的人間——先進産業社会におけるイデオロギーの研究』生松敬三・三沢謙一訳、河出書房新社、一九八〇年〕.

2 Karl Polanyi, *La Grande Transformation. Aux origines politiques et économiques de notre temps* (1944), Paris, Gallimard, 1983〔カール・ポランニー『［新訳］大転換』野口建彦・栖原学訳、東洋経済新報社、二〇〇九年〕.

るための条件である。

多くの著者が強調していることだが、我々の文明の崩壊を想像する方が、資本主義からの脱出を想像するよりもずっと簡単だ。資本主義システムから脱成長社会への移行は、生産装置の再転換という大きな問題を提起するだろう。しかし、脱成長は人間の創意工夫に賭けてもいる。人間の創意工夫は、しかるべき時が来たならば、必ずや解決策を発見するだろう。人類が残した技術や科学的知識に関するアーカイブの中には、人々が直面してきた数多の問題に対応する創意工夫に満ちた対案の鉱脈が無尽蔵に近いほど存在する。その鉱脈から対案を賢く引き出せば十分だ。[1]

1　経済から抜け出すために、想像力を脱植民地化し、我々の考え方を逆転させよう

節度ある豊かな社会の構想は、政治権力の掌握によってではなく、精神の革命によって実現される。何よりもまず、我々の想念を脱植民地化することが重要だ。[2] 社会生活を管理する様々な装置に大きな影響を与え、そして究極的には、これらの装置を直接民主主義のユートピアの中で破棄すると考えられる世論の大きな動きの存在は、この想念の脱植民地化によって整う。古典的な革命政治思想に対して、想念の脱植民地化は真の革命、革命の中の革命を構築する。

哲学者コルネリュウス・カストリアディスの教えが厳密に応用されるのは、この点においてだ。彼は制度としての社会的想念の理論家であり脱成長の先駆者である。[3] 彼は、「求められているのは、過去になかったほど重要な新しい想念を創造することである。つまり、人間の生活の中心に生産・消費の拡大とは異なる意味を置く想念、人々に価値あるものと認められうる〔経済成長とは〕異なる生活目標を掲げる想念の創造である。〔……〕そのような想念を創造するに際し、我々は大きな困難に直面しなければならない。我々は、経済的価値が中心的な（あるいは唯一の）価値ではなくなった社会、すなわち経済が人間の生活の単なる手段として位置づけられ、究極の目的ではなくなる社会、常に多くの消費へと向

---

1 例えば、自動車工場をエネルギーのコジェネレーション装置の製造所に転換することを構想できる。小型発電装置を生産するためには、オルタネーターを備えた自動車モーター一式を金属製の型枠にはめ込めば十分である。必要とされる能力、技術、設備も自動車製造と実質同じだ。ところで、コジェネレーションの普及は、エネルギー効率を約四〇%から九四%に高め、化石燃料消費量と二酸化炭素排出量を同時に節約する。M. Pallante, *Un futuro senza luce?*, Rome, Editori Riuniti, 2004 を参照されたい。

2 拙著 *Décoloniser l'imaginaire. La pensée créative contre l'économie de l'abusrde* (Lyon, Parangon/Vs, 2004) および *Renverser nos manières de penser. Métanoïa pour le tems présent* (Paris, Mille et Une Nuits, 2014) を参照されたい。

3 拙著 *Cornelius Castoriadis ou l'Autonomie radicale*, Neuvy-en-Champagne, Le Passager clandestin, «Les précurseurs de la décroissance», 2014 を参照されたい。

かうこの狂った道を手放す社会を欲しなければならない」[1]、と述べている。しかし、支配的な想念からの脱出を試みるためには、何よりもまず、どのようにしてそこに入ってしまったのか、つまりは世界の商品化に付随する精神の経済（学）化の過程を検証する必要がある。言い換えると、どのようにして経済が近代西洋の想念の中に制度化されたのかを分析する必要がある。[2]

資本主義的経済発展の台頭と経済成長社会の成立によって、人々は、進歩と経済の想念の制度化を目指すイデオロギー的かつ疑似宗教的な性質を帯びた心性《マンタリテ》に改宗させられた。「想念の脱植民地化」が含意するのは真逆の過程、すなわち社会のソフトウェアないしはパラダイムの変革、さらには真の革命――何よりも文化の領域における革命――である。しかし、それだけではない。別の言い方をすると、経済から抜け出すこと、様々な価値を変えること、したがって我々の生活様式の転換を始動・推進するために我々自身を脱西洋化することが重要である。

したがって、支配的な想念からの脱出という問いは中心的な問いであるが、非常に難しいものだ。なぜなら我々は自分自身の想念を変えようと決断できないし、他人の想念に関しては、特に彼らが経済成長中毒になっている場合はなおさらそうだからだ。脱成長社会が既に実現されていた場合のみ、解毒治療は完全に可能となるだろう。手始めに必要なのは、消費社会とその「市民から思考能力を奪う」体制から抜け出すことではないだろうか。つまり、我々を悪循環に閉じ込めさせるものを断ち切らなければならない。

今日の経済成長イデオロギーの駆動力である広告の攻撃を非難することは、カストリアディスが「消費主義とテレビのオナニズム」[3]と呼ぶものから抜け出すためのカウンター攻撃の出発点となる。月刊誌『脱成長』が、広告の攻撃に抵抗するアソシエーション運動「広告壊し屋」によって出版されているという事実は偶然ではない。なぜなら広告は経済成長社会の基本的支柱の一つを構成しているからだ。教育、より正確に言えば再教育は、社会的過程としてのみ存在し、我々を消費依存症から解放し自立共生的でエコロジカルな市民権を獲得することを可能にする。マスメディアの絶え間ない操作にもうこれ以上従属しないことで、消費主義からの解毒プロセスは大いに進むに違いない。さらに、頭脳の「フォーマット」は決して完全ではない。なぜなら意識の内部には、疑ったり抵抗したりする領域が、大なり小なり常に存在しているからだ。状況が後押しすれば、内面における離反は急速に外面に現れうる。

---

1 C. Castoriadis, *La Montée de l'insignifiance. Les carrefours du labyrinthe IV*, Paris, Seuil, 1996, p. 96.
2 これは、筆者が *L'Invention de l'économie*, Paris, Albin Michel, 2005 で展開を試みた問いである。
3 C. Castoriadis, *Une société à la dérive*, Paris, Seuil, 2005, p. 194.

2 再ローカリゼーション

再ローカリゼーションは、最初期から脱成長プロジェクトの中心的役割を担っていた。[1] その内容は脱成長の肯定的側面として記述され、脱開発社会——節度ある豊かさ、幸せな簡素な生活、経済成長なき繁栄と呼ばれうる経済成長社会に対するオルタナティブ——の構築に一貫性を与えてきた。確かに、再ローカリゼーションには否定的側面もあり、何よりもそれは「脱グローバリゼーション」を意味する。しかし、再ローカリゼーションはこの防御的側面のみに還元されるものではない。問題は、歴史的状況に適応した地域の自律性を再発明することだ。

「再ローカリゼーション」という用語は、「ローカリズム」よりも好ましいものであるが、それでもやはりすべての曖昧さから逃れられない。なぜなら再ローカリゼーションには多様な意味があるからだ。したがって、何が脱成長型の「再ローカリゼーション」であるのかをはっきりさせるだけでなく、そうでないものは何かということも正確に述べる必要がある。[2]

地球規模での殺戮ゲームであるグローバリゼーションは、財政的・社会的・環境的ダンピングを推進するためにあらゆる地域を経済競争状態に置き、小農民、職人、小規模産業、自営業などローカルな自律性の経済的・社会的基盤を破壊している。グローバリゼーションは、文化を民俗芸能に還元し、政治を空洞化し、市場法則ただ一つに奉仕する地球の画一化を生み出している。しかし同時に、国民経済の規制緩和によって、北側諸国では国家の保護が相対的に後退し、公共サービスの積極的導入が減少した。国際的水準では、金融の規制緩和と間接金融から直接金融への移行が行われた。これら一連の変化によって生じた空洞を埋めるために、「リージョナル」や「ローカル」が再活性化している。グローバルとローカルの新しい接合を描くために「グローカル」という新しい言葉まで作られた。草の根の運動に対する制約を取り除くことで、この動きは、〔ローカルな〕様々な経済的協働を刺激する文化の再生をときには推進することがある。余暇、保健衛生、教育、環境、住居、対人サービスは、生活の受け皿である小規模地域《ミクロテリトリアル》レベルで管理運営されなければならない。

---

1 拙著 *Survivre au développement*〔『経済成長なき社会発展は可能か?――〈脱成長〉と〈ポスト開発〉の経済学』中野佳裕訳、作品社、二〇一〇年、第一部〕は、二〇〇二年二月二十八日から三月三日までユネスコで開催された国際会議「開発を解体し、世界を再構築する」をまとめたもので、ある意味、脱成長運動の最初の体系的なマニフェストである。同書では、脱成長運動は八の再生プログラム（８Ｒ）の好循環として議論されてはいないが（当時は６Ｒしかなかった）、ローカリズムの名の下で、脱成長プロジェクトの第二の側面を形成していた。その後に刊行された *Le Pari de la décroissance* (2006) 以降、再ローカリゼーションは明確に、脱成長の具体的なユートピアを描く好循環を構成する再生プログラム（Ｒ）の一つとなった。

2 J.-L. Pasquinet, *La Relocalisation*, Paris, Libre et solidaire, 2015.

この日常生活の管理運営は、社会に異議申し立てをしたり連帯的活動を行ったりする一部の排除された人々の間に、生活世界の自治の回復を試みる豊かで価値ある市民的イニシアチブをもたらしている。ヨーロッパだけでなく、米国、カナダ、オーストラリアでも、新世代の農家、新世代の農村生活者、新世代の職人と呼ばれる人々が数十年前から台頭している。近年では、数千もの非営利アソシエーション（または少なくとも営利目的だけではないアソシエーション）が誕生している。例えば、自主管理型の協同組合企業、農業コミュニティ、AMAP（小農民を支える生産者・消費者アソシエーション）、GAS（連帯的な購買のためのグループ）、LETS（地域交換取引制度）、SELS（地域交換システム）、フレキシブルタイム銀行、居住区公団、自主管理型保育所、仕事おこしを支援するアソシエーション、職人たちの組合《ギルド》、小農民の農業、倫理銀行・共済型銀行、フェアトレード運動、消費者アソシエーション、リペアカフェ、自立就労支援型企業などがある。端的に言えば、これらは、マスツーリズムによって推進された文化活動（あらゆるタイプのフェスティバル、エコミュージアムなど）以外の、社会的・連帯的経済活動、サードセクター、非営利経済活動、ないし〔市場経済ではない〕別の形の経済活動のネットワークのすべてだ。

どの活動も経済的「成果」を生み出す可能性があることは間違いないとはいえ、問題含みだ。自営業と下請け雇用の職人の作業場の他には、様々なサービス業の雇用がある（行政サービス、企業向けサービス、住民向け近隣コミュニティ・サービス）。これらすべての活動が必ずしも統合した動きの結果であるとは言えない。これら小規模企業は（国家や欧州連合本部の補助金を伴う）経済開発とグローバル市場と結びついており、しばしば政治の変化の影響を受け、早晩消え去るか、よくて支配的体制の中に組み込まれる運命にある。我々は、地域なき権力のなすがままにある、権力なき地域に直面していると言わずにはおれない状況だ。これらの活動を推進する側で想念の根本的な脱植民地化が起こらなければ、オルタナティブなイニシアチブが、市場の周辺に位置しており、商品世界の因習の中に容易にこぼれ落ちてしまう。たとえそのイニシアチブが、市場の周辺に位置しており、別の社会モデルをもたらすものと信じられていたとしても、だ。人々が最終的に目にするのは、Uber、Airbnb、BlaBlaCar その他の中抜き中間業者に代表される協働型経済や、GAFA（Google、Apple、Facebook、Amazon）の最大幸福のために機能する、ヴァーチャル通貨の最もスキャンダラスな道具化の極限的事例である。

脱成長の視座では、ローカル経済が成熟する土壌を再活性化する必要がある。なぜなら、ヴァーチャル・リアリティが大きな影響をもつ世界においてさえ、逆説的にも人々はローカルに生活しているからだ。しかし、達成すべき地域の社会的再構築は、もはや経済的なものだけではない。それは政治的・文化的なものでもある。確かに、この再ローカリゼーションは、単一的思考に対する正真正銘の挑戦となる側面がある。「地域を再び囲い込み、区切る」――再ローカリゼーションがグローバリゼーションの正反対であるのはこの点においてだ。可能な限り、経済的な自己充足、すなわち何らかの形の封鎖経済《アウタルキー》に戻ることが望ましくさえある。輸送の外部費用、インフラストラクチャーの外部費用、汚染の外部費用（温室効果、気候変動）を内部化すれば、多くの活動が再ローカル化されるだろう。一平方キロメートル当たりの輸送コストが一〇倍ないし二〇倍に増えれば、生産する企業はおのずと近距離生産・近距離市場の利点を再発見するだろう。

とはいえ、目指すべき目標は完全な封鎖経済ではない。それは馬鹿げているし、第一、不可能だ。それでもやはり、商品交換は制限されるべきだし、同じ選択をして生産力至上主義を放棄したパートナーとなる地域との間で、可能な限り行われるべきだ。巨大供給網の中で創出された一つの不安定雇用が、近隣コミュニティの商店の持続可能な雇用を五つほど破壊するということを知れば、人々はローカル・ビジネスを守る利点を理解するだろう。[1]

エネルギーの自主生産も、ローカル経済の素地を再活性化する重要な側面だ。あまり蓄電できない太陽光、地熱、風力などの再生可能エネルギーは、ローカルな規模での設置と利用に適している。それらは人間の大規模集中が起こらない分権型社会に都合がよい。この分散化は利点でもある。なぜなら世界の各地域は、再生可能エネルギーの一つあるいは多数の経路を発展させる自然の潜在能力を有しているからだ。[2] このようにして、我々は輸送によるエネルギーの大きな浪費を回避することができるだろう。

安価な石油の時代が終わり、気候変動を加速させないために埋蔵化石燃料を巨額の費用をかけて搾取すべきではないという良識的な要求が現れたことで、エネルギーの地産地消は必然となるはずだ。ピークオイルを予期してエネルギーの地産地消を美徳とすることは無駄ではない……。これこそが「トランジション・タウン」[3]プロジェクトの核心にあるレジリエンスの意味だ。「レジリエンス＝抵抗＋再活性化する能力」という方程式を打ち立てることができる。レジリエンスは、物理学の中で生まれ、科学的生態学によって使用されている概念であり、あるシステムが衝撃を吸収し環境変化に抵抗する能力と定

1 C. Jacquiau, *Les Coulisses du commerce équitable*, Paris, Mille et Une Nuits, 2006. フレンズ・オブ・アースによると、英国でスーパーマーケットが一店舗ほど開業すると、半径一一キロメートル圏内の小規模ビジネスの閉店に伴い二七六人の雇用が失われる。フランス国家統計局（ＩＮＳＥＥ）によると、（一九六〇年代末に）フランスでスーパーマーケットが登場したことにより、パン屋の一七％（一万七八〇〇店舗）、食料品店の八四％（七万三八〇〇店舗）、金物屋の四三％（四三〇〇店舗）が廃業した。

2 Y. Cochet, *Pétrole apocalypse*, *op. cit.*, p. 140.

3 農学者でありパーマカルチャーの専門家であるロブ・ホプキンスが始めたトランジションタウン運動は、アイルランド（コーク近くのキンセールという町）で始まり、英国のトットネスで開花した。二〇〇八年の *The Transition Handbook. From Oil Dependency to Local Resilience*（フランス語 *Manuel de transition. De la dépendance au pétrole à la resilience locale*, trad. M. Durand, Montréal, Ecosociété, 2010）〔ロブ・ホプキンス『トランジション・ハンドブック』城川桂子訳、第三書館、二〇一三年〕の出版を契機に、今やこの取り組みは世界全体の多くの人々に影響を与えている。トランジション・ネットワーク憲章によると、トランジション・タウン運動に参画する町は、化石燃料の終焉を見越してエネルギー自給と、より一般的には、レジリエンスの実現を目指している。トランジション・タウン運動はおそらく、脱成長型都市社会に最も近いものを構築するだろう。

義される。例えば、都市の大規模人口密集地域が、石油の終焉、気温の上昇、生物多様性の喪失、種の第六番目の絶滅、予見しうるあらゆる破局と、どのように向き合うことができるだろうか？　生態学的実験は、レジリエンスという概念を用いてこの問いに答える。レジリエンスは、小さな規模と多機能性（すなわち再ローカリゼーション）を前提とする。他方で、規模の経済を裨益するために効率性の名の下で為される集中化（すなわちグローバリゼーション）は、単一機能性と極端な専門分化が原因で、脆弱性のリスクを抱えている。家庭菜園、ポリカルチャー、コミュニティ農業、小規模職人業、再生可能エネルギー源の増加はレジリエンスを強化する。

人間が創出した二つの制度が歴史の盛衰の中で繰り返し出現し、類稀な生存能力を示してきた。一つは農村であり、もう一つは都市だ。近年、アレクサンドル・チャヤーノフによって分析されていることだが、[1]農村は自給自足の家族農業による小規模な開発である。このため、ニコラス・ジョージェスク＝レーゲンは、人類の未来のために小規模農村共同体を推奨した。[2]他方で、都市は職人のアトリエだ。脱成長の政治プロジェクトは、農村の「脱成長派」とは別に、今や都市の「脱成長派」に大きなスペースを作っている。この点が、シンプル・ライフを主張する人々やサバイバリズム派[3]が推奨する大地へのノスタルジー的回帰と異なっている。

地域通貨の使用――「融解する通貨」、すなわち時価の経過と共に／定期的に「リチャージ」される前に価値を失う通貨、ないし非兌換通貨（レストラン券、ホリデーバウチャーなど）――は、貨幣の再領有化の第一歩だ。お金は良き使用人であるけれども、いつでも悪い主人となりうるので、地域通貨の取り組みは再ローカリゼーション戦略の重要な要素を構成する。[4] ローカル経済の自律性は、地元の職人業、地場産業、サービス業の様々なプロジェクトの実現を可能にする、金融の自律性へと向かうことも意味する。そのためには、お金が人々の役に立ち、人々がお金の奴隷にならないように、真の地域通貨政策の発明を構想しなければならない。ある専門家は言う、「法定通貨の独占を維持したままローカルないしリージョナルな発展を推奨することは、アルコールをジンで解毒しようとするようなものだ」[5]。リージョナルな通貨システムの適正規模は、一万人から一〇〇万人の間であることは間違いない。それはお

---

1 R. Garcia, *Alexandre Chayanov, pour un socialisme paysan*, Neuvy-en-Champagne, Le Passager clandestin, «Les précurseurs de la décroissance», 2017.

2 M. Bonaiuti, *Roegen, la sfida dell'entropia*, *op. cit.*

3 「サバイバリズム派」とは、武器を供給したり、食糧備蓄庫を建設したり、掩体壕や他の防衛手段をつくるなどして破局に備える人々のことである。

4 この点については、拙著 *Justice sans limites*, Paris, Fayard, 2003 の最終章を読まれたい。

5 B. Lietaer, «Des monnaies pour les communautés et les régions biogéographiques : un outil décisif pour la redynamisation régionale au XXIe siècle», in J. Blanc, *Exclusion et liens financiers. Monnaies sociales, rapport 2005-2006*, Paris, Economica, p. 76.

およそ生物流域《バイオリージョン》ないしエコリージョン、つまり我々が「地方《ペ》／地域《イ》（pays）」と端的に呼んでいたものに相当し、効率性とレジリエンスの間のちょうどよい均衡を表している。[1]

　エコロジカルで民主主義的な社会主義は、等身大の生活地域の中でのみ実現可能だ。したがって脱成長は、例えば近隣コミュニティの民主主義を発明ないし再発明することで、「政治的なもの」を再ローカル化することを意味する。この問題関心は新しいものではない。アリストテレスからルソー、マレイ・ブクチンに至るまで、デモス（市民）の規模に関する古《いにしえ》からの省察は、この問いを明らかにしうる。アリストテレスによると、「十人からでは国（ポリス）は生まれえないし、また十万人もおればもはや国（ポリス）ではなくなるのだからである。もちろん、その適当な数というものは、おもうに或る一つにかぎるというわけでなく、一定の限界の間の全体にわたるものであるだろうが」[2]。これが現在でもなお有効な都市の生物流域《バイオリージョン》の規模の基準でありうるだろう。生物流域は、住民、その文化、その歴史と一貫性のとれた高い生態学的自律性――まとまりのある全体を形成する動物相、植物相、気候、地形、水圏――を備えた地域と定義できる。[3] 生物流域には農村の生物流域もあるし、都市の生物流域もある。それは、政治的空間と同様、ルソーが考えた民主主義の規模にも十分に対応する。「非常に小さな規模の国家では、人々は容易に集まることができ、各市民は他の全ての市民を簡単に知ることができるだろう」[4]。

　既に見てきたように、重要なのは、経済の全体主義から解放された連合制の政体を、エコリージョンないしバイオリージョンと共に構築することである。イヴ・コシェの提案に倣って、「グローバルにローカルを保護する」というスローガンを掲げ、世界貿易機関（WTO）を世界ローカリゼーション機関（WLO）に置き換えることから始める必要があるだろう。[5]

---

1 P・アリエスにとって、「この再ローカリゼーションはおそらく、一体感のある連帯的な、経済的にも比較的近郊の人間的・社会的なまとまりとして理解される地方／地域《ペイ》という概念の台頭によって起こるだろう」。彼はまた、「農民の種子の多様性だけでなく、世界における存在の仕方の多様性も保全しなければならない」と述べている（P. Ariès, *Décroissance ou barbarie*, Villeurbanne, Golias, 2005, p. 111）。

2 Aristote, *Ethique à Nicomaque*, IX, 10, 1170 *b*〔アリストテレス『ニコマコス倫理学（下）』高田三郎訳、岩波文庫、一九七三年、一八三頁〕.

3 エコリージョンは場合によって生物流域と区別される。前者は人間的・文化的・歴史的次元を含まない。生物流域は、特に米国のカークパトリック・セール——産業主義の批判者——によって推進された。都市の生物流域という概念は、イタリアの建築家であり都市研究者であるアルベルト・マニャーギによって導入された。

4 O. Rey, *Une question de taille*, *op. cit.*, p. 176 より引用。

5 Y. Cochet, *Pétrole apocalypse*, *op. cit.*, p. 224.

3　破局から学ぶ

消費主義中毒との断絶を可能にする最初の一歩を大衆レベルで始めるのが難しいのは、人々が経済成長社会の危険や維持不可能性に無理解であったり、西洋資本主義文明に代わる有力なオルタナティブを提案する想像力に欠けていたりするからではない。難しさは何よりも、全般化された分裂症と中毒行動を生じさせる、社会体制の重苦しさと惰性の大きな力に起因する。残念ながら、より良い世界――脱成長の具体的ユートピア――を望む声は、社会変革のための行動を促すには不十分だ。我々は、アル・ゴア元米副大統領の映画『不都合な真実』で紹介されていた「受け身のカエル」状態にある。[1] 彼は次のように語る。一匹のカエルを六〇度のお湯が入った調理鍋に放り投げると、カエルはすぐに跳び出る。反対に、カエルを水の入った調理鍋に入れて八〇度になるまでゆっくり熱すると、そのカエルは鍋の中に居続け、最初は大丈夫のように見えるが、次第に熱で弱っていき、最後には茹で上がって死んでしまうだろう。今日、人間という七五億のカエルが地球という調理鍋の中を動き回っている。そして水は危険なまでに熱くなり始めている！　今すぐ我々の麻痺した状態を振り払わなければならない。

変革の長期的な実践を望ましいものにするためには、想念の脱植民地化を考えねばならない。しかし、我々の生存のために今すぐ行動を開始し、脱成長の挑戦を立ち上がらせる、ある種の電気ショックのようなものが必要である。「破局の教育学」が登場するのはこの点においてだ。この表現の提案者は、スイスのエコロジストで脱成長の先駆者であるドニ・ド・ルージュモンである。[2] 彼は一九七七年に次のような文章を書いた。「私は、我々の無意識ではあるが入念な気配りによって組織される一連の破局が到来すると感じている。これらの破局が、世界を覚醒させるほど大きなものであるが、全世界を潰すほど大規模でない場合、私はそのような破局を教育的と呼ぶだろう。教育的な破局だけが、我々の惰性を克服し、十分明らかにされているが価値ある危険要因の告発を「黙示録的強迫観念」と決めつけたがるコラムニストたちの抗いがたい傾向を、乗り越えることができる」。[3] 二〇〇三年夏の猛暑は人々に不安を抱かせ、どのような理論的議論よりも、脱成長のスローガンの推進とこのテーマの普及に貢献したことは確かだ。[4] しかし、破局は次第に頻繁かつ深刻になっている。巨大科学技術機構《メガ・マシン》の機能不全

1 デイヴィス・グッゲンハイム監督作、二〇〇六年公開。

2 ジルベール・リストによると、破局の教育学は、「世論が善を行う必要を示すためには、より大きな悪が広がるのを待たねばならない」というサン＝ジュストの定式を発展したものにすぎないらしい。（Gilbert Rist, *La Tragédie de la croissance*, Paris, Les Presses de Sciences Po, 2018, p. 147.）

3 Denis de Rougemont, *Foi et vie*, avril 1977. F. Partant, *La Réforme*, 3 mars, 1979 から引用。

4 ジャン＝ポール・ベッセの論考「劇的な気候変動に直面する（Faire face à l'agression climatique）」（ル・モンド紙、二〇〇三年八月二日付）やコリーヌ・ルパージュの論考「エコロジー——革命か死か（Ecologie : la

（矛盾、危機、主要技術のリスク、故障）は避けられなくなっており、生態系の限界の壁にぶつかっている。さらにその余波はあらゆる性質の社会的対立を引き起こしている。この機能不全は耐えられない苦しみの源であり、我々は嘆くよりほかはない。しかし、それはまた、冷静になって、経済成長社会の生存を脅かす論理を問い直す機会でもある。例えば、有機農家連合によると、生産力至上主義的なブドウ栽培を辞めたブドウ園経営者の半数は、農薬に対する大きな懸念からそうしたという。

脱成長の先駆者であるフランソワ・パルタンは、生産力至上主義的な社会の暴走から抜け出すために独特の表現を用いて脅威が引き起こす奮起に注目した。彼の著作の中には、『危機よ、深まれ！』というタイトルの本がある。一九七八年に刊行されたこの挑発的なタイトルの本の中で、彼は、深刻な危機が人類の自滅を回避するための唯一の手段であるかもしれない、と主張した。[1]

確かに、何の変化ももたらさなかったり、より悪い場合は、「ファシスト」的な反動を引き起こしうる後退を刺激したりする反例的な破局もある。先に述べた二〇〇三年夏の猛暑は一部の人々を覚醒させたが、他の多くの人々は環境に対して破滅的効果をもつ冷房機器の設置に走った。グローバル化した資本主義の暴走を批判する急先鋒であるナオミ・クラインは、代表作『ショック・ドクトリン』[2]で、ドニ・ド・ルージュモンのテーゼと根本的に対立するテーゼを主張している。クラインによると、新自由主義者と新保守主義者（ネオコン）による寡頭政治は、民衆にとって壊滅的だがグローバル企業にとっては短期的に有利に働く対案を押し付けるために破局を利用し、さらには破局を刺激する。このように彼女の本は、ハリケーン・カトリーナに被災したルイジアナ州の壊滅的状況と悲惨な災害管理の事例について、網羅的に報告している。しかしそれだけでなく、公立学校制度の崩壊、都市貧困層の排除、災害復興事業のための野放図な投機など、当時のブッシュ政権がもたらした社会の荒廃の事例も見逃していない。二〇〇一年九月十一日からイラク戦争まで、他の多くの事例も分析されており、極めて納得がいく証明がなされている。

しかし、二人のテーゼは相容れないものではない。それぞれの主張は文脈の違いによって妥当である。この逆説の理由は、いくつかのケースでは、人類がより賢くなることが問題であるというよりは、

---

révolution ou la mort)」(ル・モンド紙、二〇〇三年八月十五日付)が示す通りだ。これらの論考は脱成長への証明の呼びかけとなった。

1 パルタンは、「様々な地域で、国家から離脱した様々な社会が、それぞれの社会や他の社会との間に導入した関係を徐々に発展させながら危機を自主管理する必要があるだろう」と結論づけている。(F. Partant, *Que la crise s'aggrave !*, Paris, Solin, 1978, 1er éd; réédité avec une preface de José Bové par Parangon/Vs, 2002, p. 179-193.)

2 N. Klein, *La Stratégie du choc. Montée d'un capitalisme du désastre*, trad. Saint-Martin et P. Gagné, Montréal et Arles, Leméac et Actes Sud, 2010〔ナオミ・クライン『ショック・ドクトリン——惨事便乗型資本主義の正体を暴く(上・下)』幾島幸子・村上由見子訳、岩波書店、二〇一一年〕.

寡頭政治を解体しその影響を弱めることが問題であるということだ。この超人的な戦いの中で支配力をもつのはロビー団体であると主張するナオミ・クラインは、一理ある。他方で、状況を救う対案を出すのは民衆の圧力であるという考えは、ドニ・ド・ルージュモンの直観に合致するものだ。かくして、一九五二年十二月、五日間で四〇〇〇人が死亡したロンドンのスモッグ公害は、大気浄化法（一九五六年）を採決するほどの反応を引き起こした。同様に、狂牛病の歴史は人間の理性の欠如を示す良い例であり、無分別な工業的農業「機械」の拡大を抑制し、有機農業の発展を促すことに確実に貢献した。さらに驚くべきことは、原子力エネルギーの事例だ。一九八六年四月二十五日（金）から二十六日（土）の夜に起こったチェルノブイリ原子力発電所の第四原子炉の爆発を契機に、いくつかの民主主義国家は脱原発へ向かった。残念ながらフランスと日本では、巨額の費用——その総額の評価は終わっておらず、支払いも終わっていない——がかかるにもかかわらず、原子力産業のロビー団体は民衆の意志よりもずっと強力である。しかし、福島第一原発事故以後、状況は変化したようである。次に起こる破局は「良い」破局となるかもしれない。

この破局の教育学は、エコロジー哲学者ハンス・ヨナスが言うところの「恐怖から得られる学び」と通底する。「幸福の予言よりも不幸の予言に備える方がよい」とヨナスは述べている。[1] この学びの手法はマゾヒスト的な終末論趣味によるものではなく、終末論を払いのけるまさにそのために行うのだ。危険から目を背ける政策はどのような場合でも自殺的な楽観主義だからだ。この「賢明な破局主義」は、ジャン＝ピエール・デュピュイによって採用され、精錬された。デュピュイが強調するように、本当の問題は、「我々が未来、特に破局的な未来に対して十分な現実感を与えるに至らない点にある」[2]。「言い換えると、我々を救済するチャンスを開くのは、我々を脅かすものである」と彼は結論づけている[3]。

4 脱成長の先駆者たち

本書では繰り返し、何人かの著者を「脱成長の先駆者」と表現した。実際に、脱成長によってもたらされる世界の展望を描いた多くの先駆者が存在する。この事実から、何よりもまず、生産力至上主義に

---

1 H. Jonas, *Le Principe responsabilité. Une éthique pour la civilisation technologique*, trad. J. Greisch, Paris, Cerf, 1990, p. 54〔ハンス・ヨナス『責任という原理――科学技術文明のための倫理学の試み』加藤尚武監訳、東信堂、二〇〇〇年〕.

2 J.-P. Dupuy, « Pourquoi la peur peut être bonne conseillère. Entretien », *Cahier du l'IUED*, no. 14, juin 2003, p. 161.

3 J.-P. Dupuy, *Pour un catastrophisme éclairé*, Paris, Seuil, 2003, p. 215〔ジャン＝ピエール・デュピュイ『ありえないことが現実になるとき――賢明な破局論にむけて』桑田光平・本田貴久訳、筑摩書房、二〇一二年〕.

代る別の社会を構築するというプロジェクトが、長い、とても長い道のりであることを意識することができる。そのとき人々は、脱成長というこの砲弾のような言葉の[1]背後には、画一的でも教条的でもカルト的でもない、豊かで多様な展望が構築されていることを発見するだろう。思想史の中では、「経済成長に反対する人々」は、決して周縁的な存在でも風変りな人でもない（いずれにせよ、周縁化された風変りな人しかいなかったわけではない……）。反対に、社会学的・哲学的省察のパノラマの中では、経済成長という考えに追従する人の方が例外的だ。確かに、経済成長と脱成長は二つの理想社会《ユートピア》である。しかし、両者の中で最も空想的《ユートピア》なのは後者ではない……。

経済成長という例外的な時代は近代と共に幕開けた。近代は伝統の拒否と様々な制約の問い直しの上に構築された。それは過去のあらゆる遺産の否定である。市場社会の成員である個人は、資本主義的な拡大成長型経済を動かす歯車であり、ルーツも〔コミュニティや自然との〕つながりももたない。そのような個人はまた、広告の餌食となり、消費中毒になっている。過去を再訪し再領有化することは、脱成長プロジェクトの重要な要素だ。歴史家のジェローム・バシェが南部メキシコのチアパス州のネオサパティスタに関して述べるように、革命家は「過去への回帰」を目論むのではなくて、「現在を迂回するために過去を通過する」ことを目論む。[2]グローバル化した文明破壊現象に代わるオルタナティブ社会を構築する、というこのプロジェクトの近くにある／遠くにある源泉を認知することは、過去から受けた恩恵を適切に承認し、インスピレーションの鉱床を得ることになる。そしてこのプロジェクトの正統性が強化され、深みが与えられる。構造主義の影響で、「ハード」サイエンスでは先駆者という考えを拒絶する。[3] この態度は部分的には正しいものの、心性史と哲学史には当てはまらない。心性史と哲学史の領域では、新しい考えや伝統との断絶が存在しても、それが思想の継承における明白な系統や連続性を排除することはしない。脱成長に関して言えば、我々が考慮しうるのは、近代がある種の判断中止《エポケー》を行い、過去と未来に対して相対的に自律的な時代を構築したこと、そして産業革命と資本主義社会を批判するすべての思想家がこの点において我々の同時代人である、という点だ。したがって、十九世紀以降に現れた脱成長の先駆者とされる著作家に対して、時代錯誤な人々と非難することはできない。

しかし、これら近代の思想家たちに限定せず、時代をさらに遡って普遍的な考察を行うのは不適切なことではない。つまるところ、脱成長の先駆者の中でも、近代において経済成長社会の批判に既に取り組んでいた「啓蒙家」および「開拓者《パイオニア》」と、それとは非常に異なる文脈の中で、節度ある生活の理念

1 *Décroissance ou barbarie, op. cit.* においてポール・アリエスが使用している表現を借用した。
2 J. Baschet, *Défaire la tyrannie du présent. Temporalités émergentes et futures inédits*, Paris, La Découverte, 2018, p. 31.
3 念頭に置いているのは、ジョルジュ・カンギレム（一九〇四―一九九五）が先駆者という概念にたいして行った手厳しい批判である。Georges Canguilhem, *Les Etudes d'histoire et de philosophie des sciences*, Paris, Vrin, 2002, p. 21 を読まれたい。

と結びついた幸福概念——節度ある豊かな社会のプロジェクトの地下水脈である哲学・倫理に対応するものだ——を発展させた「偉大な先人」とを区別する必要がある。後者の偉大な先人に関しては、西洋以外の様々な文化圏の思想家も扱うので、「先駆者」という言葉はかなり緩やかで広い意味で使用されることを了承されたい。

さらに、経済成長社会を批判した近代の先駆者に関しては、彼らは大なり小なり近代化の進んだ段階の社会に生きたので、(第一次産業革命の時代である)十九世紀を通じて資本主義の熱工業システムへの変化——すなわち火力機械と化石燃料の利用に基づくシステムへの転換——を経験した人々と、(第二次産業革命、特に「栄光の三〇年」の時代である)消費社会を経験した人々を区別しなければならない。

近代は、環境破壊とそれに伴う世界の脱魔術化を進めたが、北米に未だ健在しているアナバプティスト派宗教団体のアーミッシュの極めて特殊な事例のように、宗教的理由から拒否されることがあった。しかし、より世俗的な文脈では、第一次産業革命と結びついたあらゆる性質の苦しみと不公正は、多くは社会的理由から、そしてときには生態学的な理由から、初期社会主義者たちによって批判された。

かくして脱成長は社会主義の最初期の着想とつながる。このグループの中では、フリードリッヒ・エンゲルスに倣って人々が「空想的」社会主義者とか「ロマン主義的」社会主義者とか「貴族的」社会主義者と呼ぶ著者たちと我々は出会う。例えば、ウィリアム・モリス(一八三四—一八九六)やシャルル・フーリエ(一七七二—一八三七)がそうだ。[1] ジョン・スチュアート・ミル(一八〇六—一八七三)、ジャン＝シャルル・レオナール・シモンド・ド・シスモンディ（一七七三―一八四二）、ロバート・オーウェン（一七七一―一八五八）や異彩を放つセルゲイ・ポドリンスキー（一八五〇―一八九一）もこのリストに加えることができる。さらに、アナーキスト思想家のピエール＝ジョゼフ・プルードン（一八〇九―一八六五）、ミハイル・バクーニン（一八一四―一八七六）、ピョートル・クロポトキン[2]（一八四二―一九二一）、そして様々な自然保護者、ヘンリー・デイヴィット・ソロー（一八一七―一八六二）もだ。彼らは正真正銘の啓蒙家であり、脱成長の道を拓いた。

我々の時代にもっと近づくと、脱成長の開拓者と出会う。これらの思想家は、一九三〇年代、そして特に一九六〇年代以降、消費社会を生きており、ポリティカル・エコロジーの創設者となった。近代化の「プログラム」が実現するに従い、近代化は社会の広範な層から批判されるようになった。第二次世界大戦後に消費社会が絶頂期に達すると、哲学者、社会学者、経済学者、さらには神学者が、技術、環境破壊、ないし意味の喪失に関する鋭い批判を行うようになった。冗長を避けて、イヴァン・イリ

---

1 G. Guillaume, *Charles Fourier ou la Pensée en contre-marche*, Neuvy-en-Champagne, Le Passager clandestin, « Les précurseur de la décroissance », 2013, および F. Bussy, *William Morris ou la Vie belle et créatrice*, Neuvy-en-Champagne, Le Passager clandestin, 2018.

2 R. Garcia, *Pierre Kropotkine ou l'Economie par l'entraide*, Neuvy-en-Champagne, Le Passager clandestin, « Les précurseurs de la décroissance », 2014.

イチ（一九二六―二〇〇二）、コルネリュウス・カストリアディス（一九二二―一九九七）、アンドレ・ゴルツ（一九二三―二〇〇七）、ジャック・エリュール（一九一二―一九九四）、ベルナール・シャルボノー（一九一〇―一九九六）、フランソワ・パルタン（一九二六―一九八七）、ニコラス・ジョージェスク=レーゲン（一九〇六―一九九四）、ランザ・デル・ヴァスト（一九〇一―一九八一）の名を挙げておこう。[1] このリストに、ほぼ同時代の人々で、フランスではあまり知られていない著者を加えておこう。それは、マレイ・ブクチン（一九二一―二〇〇六）、バリー・コモナー（一九一七―二〇一二）、アルドウ・ハクスレイ（一八九四―一九六三）、アレクサンドル・チャヤーノフ（一八八八―一九七三）、ルイス・マンフォード（一八九五―一九九〇）、セオドア・ローザック[2]（一九三三―二〇一一）である。

エコロジーに深くコミットした政治家に関して言えば、彼らは行動する人であっただけでなく、批判的思考を発展させ、自らの信念を行動に変えた。代表的事例は、モハンダース・カラムチャンド・ガンディー（一八六九―一九四八）、イタリア緑の党創設者アレクサンダー・ランガー（一九四六―一九九五）、（ほとんど）脱成長的な共産主義者の独創的で逆説的な事例を代表するエンリコ・ベルリンゲル[3]（一九二二―一九八四）――彼は一九七二年から一九八四年までイタリア共産党の書記長を務めた――である。

世間では必ずしもそうとは思われていない人物――なぜなら彼らは作家であったりジャーナリストであったりしたからだ――も紹介しなければならない。よく知られていることだが、小説家や詩人は、社会科学とは異なる方法で、多くの理論家よりも適切に社会を描くことがあった。彼らは、理論家には捉えられないもの、特に言葉に表せないものや非合理的なものを感じたり見たりしていた。レフ・トルストイ（一八二八―一九一〇）、ジャン・ジオノ[4]（一八九五―一九七〇）、ジョルジュ・ベルナノス（一八八八―一九四八）、ピエール・パオロ・パゾリーニ[5]（一九二二―一九七五）、さらに幾人かのSF小説作家は確か

---

1 フランス語の「脱成長の先駆者」全集（Neuvy-en-Champagne, Le Passager clandestin）の以下の著作を参照されたい。F. Gollain, *André Gorz. Pour une pensée de l'écosocialisme* (2014), S. Latouche, *Jacques Ellul. Contre le totalitarisme technicien* (2013), D. Cérézuelle, *Bernard Charbonneau ou la Critique du développement exponentiel* (2018), F. Rognon, *Lanza del Vasto ou l'Expérimentation communautaire* (2013).

2 イタリア語の「脱成長の先駆者」全集（Milan, Jaca Book）から刊行されている、V. Fortunati, *Huxley, una società ecologica e pacifista* (2017) およびフランス語の「脱成長の先駆者」全集の中から、T. Paquot, *Lewis Mumford. Pour une juste plénitude* (2015), M. Taleb, *Theodore Roszak. Vers une écopsychologie libératrice* (2015) を参照されたい。

3 イタリア語の「脱成長の先駆者」全集（Milan, Jaca Book）の G. Marcon, *Langer. La conversion ecologica* (2015) および G. Marcon, *Berlinguer, L'austerità giusta* (2014) を参照されたい。

4 フランス語の「脱成長の先駆者」全集の、R. Garcia, *Léon Tolstoï. Contre le fantasme de toute-puissance* (2013) および E. Schaelchli, *Jean Giono. Pour une révolution à hauteur d'homme* (2013) を参照されたい。

5 P. Bevilacqua, *Pasolini. L'insensata modernità*, Milan, Jaca Book, "I precursori della decrescita", 2014.

にそのような作家だ。他方で、偉大なジャーナリストは、世界とそのダイナミズムについて思慮深い洞察を与え、真の預言者、すなわち世界を非難しその行く末を予知する占い師となる能力をもっていた。フランスではほとんど知られていないが、イタリアの偉大な現地取材記者ティツィアーノ・テルツァーニ[1]（一九三八―二〇〇四）はその代表例である。小説家、随筆家、詩人が経済成長社会を批判するこの文学的手法は明らかに〔社会科学的手法と比べて〕直接的ではないが、重要なものだ。なぜなら文学的手法は反経済成長主義の様々なテーマを大衆化し、生産力至上主義の想念を解体し、持続可能なもう一つの世界の構築に関する省察を刺激することに貢献したからだ。ただし、〔文学作品という〕自律的な領域から、ある意味、社会科学とは独立した世界の中でそのような作業を行ったのだが。

脱成長は、資本主義経済や経済成長社会によってしばしば強化されている男性中心主義に対抗してフェミニズムであろうとするが、既述したリストではジェンダーバランスがほとんど尊重されていないことに読者は気が付くだろう。この欠落は女性の思想家を意図的に排除したからではなく、最近の時代になるまで女性の著者がほとんど存在しないという事実に起因する。「脱成長的な」女性著者であればなおさらそうだ。この分野の数少ない代表的人物は、抑圧の犠牲者だった。そのことを予感した人の中でも最も有名なのは、フランソワーズ・ドボンヌ（一九二〇―二〇〇五）である。「女性は、その人生の栄光を知っていたのに、隠蔽されていた。文学の領域であれ、芸術の領域であれ、学問の領域であれ、教養を伝える媒体――教科書、辞書、百科事典――は、女性について語っていない」とドボンヌは記している。彼女はその原因を、経済成長社会の先天的に家父長的な性質の中に見出しているが、まったくもって正しい見解だ。[2] この立ち位置は、ローラ・コンティ[3]（一九二一―一九九三）、シモーヌ・ヴェイユ[4]（一九〇九―一九四三）――アルベール・カミュの根気強い働きがなかったら忘れ去られていた――、さらにはカルラ・ラヴァイオーリ（一九二三―二〇一四）にも当てはまると思われる。脱成長はこの不公正を修復しなければならない。[5]

偉大な先人に関しては、西洋文化圏に属する人物であろうが非西洋文化圏に属する人物であろうが、彼らは経済成長社会の文脈においては明らかに異邦人だ。彼らは非資本主義的社会、さらには非西洋的

1 G. Germani, *Tiziano Terzani. La rivoluzione della conscienza*, Milan, Jaca Book, "I precursori della decrecita", 2014.
2 C. Goldblum, *Françoise d'Eaubonne. Ecologie et féminisme*, thèse inédite, 2012.
3 L. Novati, *Laura Conti o la Condizione sperimentale*, Milan, Jaca Book "I precursori della decrescita", 2016.
4 G. Azam et F. Valon, *Simone Weil ou l'Expérience de la nécessité*, *op. cit.*
5 最後に、どの家族にもあるように、脱成長の系統の中にも、政治的にあるいはイデオロギー的に見て、糾弾されるべき潮流や社会的実験と妥協しすぎた、付き合えない親、過ちを悔い改めた放蕩息子、過ちを悔い改めなかった放蕩息子、恥ずべき先駆者がいる。例えば、哲学者のマルティン・ハイデッガー（一八八九―一九七六）、詩人のエズラ・パウンド（一八八五―一九七二）、小説家のルネ・バルジャヴェル（一九一一―一九八五）、著述家、ジャーナリストのアーマンド・プティジャン（一九一三―二〇〇三）がそうだ。

社会の中に生きており、資本の際限なき蓄積がもたらす帰結を経験しなかった。それでもやはり、彼らはある種の知恵や、人間と自然、人間とコスモスの関係に関するビジョン、さらには暮らしやすい未来を願う人々の目には適切だと思われる社会構想を示した。彼らは、限度の無さが社会やその成員にもたらす禍を十分に理解していた。その中には、交換の道具である貨幣を蓄積の対象へと逸脱させてしまう――お金によってお金を増やそうとする――自由放任な商取引や高利貸しゲームの危険性を予感していた人物もいた。彼らの知恵は、情念（特に富と権力を求める情念）を制御する必要に依拠するものである。それは時代錯誤の印象を与えたり誤解を招いたりするかもしれないが、人新世――生物圏が人間の活動と共進化し、人間の活動によって変えられている現在の地質学的時代を指す――の課題と向き合うための倫理的要素について我々に未だ語りかけるものがあり、インスピレーションを与えうる。

脱成長という論争的なスローガンの裏には、経済成長社会、すなわち資本主義的で生産力至上主義的な経済との断絶というメッセージが込められているが、それはまた、世界の西洋化との断絶も意味している。結論として、脱成長は歴史を文化の多様性へと再び開いていくのである。[1]

1　統合的な書評集として、拙著 *Les précurseurs de la décroissance. Une anthologie*, Neuvy-en-Champagne, Le Passager clandestin, 2016 を参照されたい。

終章　世界を再魔術化する

脱成長社会の実現は、世界の「再魔術化」という問題を提起する。この言葉によって、脱成長という宗教を発明しなければならないのだと誤解してはならない。そうではなく、聖なるものの意味を再発見し、人間の精神的次元――このスピリチュアリティは完全に世俗的なものでありうる――に再び正当性を与え、さらには〔世界の美しさに〕驚嘆する能力を回復することが重視されるべきだ。詩人、画家、あらゆるタイプのアーティスト――端的に言えば、有用性のないもの、無償のもの、夢の世界のもの、我々自身の犠牲にされた部分を扱うすべての専門家――は居場所を見つけ、「内在的超越」と逆説的に呼ばれうるものへの道を拓いていかねばならない。

事実、アートは我々を掴みどころのない別の場所へと運んでいく魔術にも似た力をもっている。[1] 大

1 市場によってつくられた現代アートにはできないことである。ジャン・ボードリヤールの古典 *Le Complot de l'art* (Paris, Sens et Tonka, 1997)〔ジャン・ボードリヤール『芸術の陰謀』塚原史訳、NTT出版、二〇一一年〕

切なのは、生産力至上主義の略奪的行為によって荒らされ、消費主義が商品の陳腐化によって破壊されようとしているときに、この世界の美しさを前に驚嘆する我々に与えられた能力を再生することだ。ジャック・ゴドブーは次のように述べている。「アーティストは近代人に、何を為そうが、物事に意味をもたせようとするならば、何らかのアニミズムに向かう以外にないということを教える。［……］おそらくアーティストは、アニミズムが物と環境を尊重する唯一の哲学、つまり様々な物の中を循環する贈与の精神に適応した哲学であり、近代が我々をこの哲学から引き剝がしたという事実を証言している」[1]。

脱成長の先駆者であるヘンリー・デイヴィット・ソローは、可能な道を我々に示している。その宇宙論的な詩の世界（cosmopoetisme）と共に、彼は自然の調和の中に入り込んでいった。日記の中で彼は、「私の中の鉱物、植物、動物のために、私は野外に居続ける」[2]と述べている。さらに、「詩人とは、風や川を自分に仕えさせ、自分のために語らせる者です」と付け加えている[3]。経済成長に反対する人は間違いなくアーティストでもある。美的な享楽が生きる歓びの重要な部分を占めているような人だ。脱成長は、生きるための技法《アート》でなければならない。それは、世界と調和して良く生きるための技法《アート》、芸術と共に生きる技法《アート》である。

もしくは最近の著作ではAnnie Le Brun, *Ce qui n'a pas de prix* (Paris, Stock, 2018) を参照されたい。

1　J. Godbout, « Les conditions sociales de la création en art et en sciences », *Une théorie sociologique générale est-elle pensable ? Revue du MAUSS*, no 24, 2e semestre 2004, p. 420.

2　T. Gillyboeuf, *Le Jardin de personne*, in H. D. Thoreau, *De la marche*, Paris, Mille et Une Nuits, 2003, p. 74 から引用〔H・G・O・ブレーク編『ソロー日記　秋』山口晃訳、彩流社、二〇一六年、二〇〇頁〕。

3　*Ibid.*, p. 47〔ヘンリー・ソロー『歩く』山口晃訳、ポプラ社、二〇一三年、九二頁〕.

訳者あとがき

1　はじめに

本書は、Serge Latouche, *La décroissance*, Paris, Que sais-je ?, 2019 の全訳である。二十一世紀に入りフランスから世界へと普及した脱成長運動について、この言葉の提唱者である著者が、その歴史的背景、理論的射程、課題を最新の議論を踏まえながら解説している。

今回の翻訳は、次のような経緯で実現した。訳者は長年、著者の思想について研究しており、フランスにおける脱成長運動についても最初期の頃から追いかけていた。過去に著者の本を何冊か翻訳出版した経験もあることから、本書に関しても本人から直接の依頼を受けた。幸い、Que sais-je ? シリーズはこれまで白水社クセジュとして翻訳出版されていたので、出版社も速やかに決まり、原書刊行から大きな間隔を空けることなく完成までこぎつけることができた。白水社編集部の小川弓枝さんの御尽力と御協力に感謝申し上げたい。

翻訳にあたっては原書初版を底本とした。基本的には原文に忠実に訳出を行ったが、国際機関や指標の略称に関しては、原文のフランス語表記から日本の読者に馴染みのある英語表記に変更した。また、人名の生年月日や引用文献の書誌情報に関して誤りがある箇所は、調べ直して訂正した。無論、これらはマイナーな修正であり、原書の論旨を大きく変更するものではない。加えて、原文で関係代名詞を多用している文はそのまま訳しても読み辛い日本語になるため、関係代名詞の直前で文を分けて訳した。

なお、早稲田大学大学院政治学研究科修士課程の山成真平君には、入稿前の訳文のチェックを手伝って頂いた。修士論文の研究で多忙な中、懇切丁寧に訳稿を読み、わかりにくい箇所や疑問点を忌憚なく指摘して頂いた。この場を借りて御礼を申し上げたい。

2　著者について

セルジュ・ラトゥーシュは一九四〇年にフランスのブルターニュ地方の小都市ヴァンヌに生まれた。コンゴ共和国で在外研究中の一九六六年にパリ大学法学・経済学研究科（現在のパリ第一大学）に『世界規模の困窮化』という博士論文を提出し、経済学博士号を取得。その後、リール大学、パリ第一大学経済・社会開発研究所などで教鞭をとり、現在はパリ南大学名誉教授。専門は経済学・哲学。南北問題やグローバル化に関する著作をこれまで多数執筆している。

今日著者はフランスにおける脱成長運動の指導的存在として世界的に認知されているが、略歴からもわかるように、それは彼の研究活動の後半にあたる。本書はその中でも最近の作品であり、彼のこれまでの学問的歩みの集大成とも位置づけられる。一般読者に向けた啓蒙書として書かれおり、分量も一五〇頁前後とコンパクトにまとめられているが、一文一文に著者の長年の研究と思索の跡が凝縮されている。本書のより良い理解のためにも、著者の学問的探求の原点と脱成長論にいたるまでの歩みを簡単に紹介しておこう。

2―1 開発パラダイム研究の第一人者として

フランスの学界において、ラトゥーシュは第三世界問題の研究に文化の視点を導入した第一人者として認知されている。一九六〇年代当時、著者は西アフリカ諸国の低開発問題をマルクス主義経済学の立場から研究していたが、博士論文完成直後に訪れたラオスで農村共同体の自律的生活を経験したことがきっかけで、欧米諸国が進める開発政策に疑問を抱くようになる。何よりも著者が驚いたのが、自身が学んできた開発経済学の諸理論が西洋中心主義的な世界観と語彙に囚われており、非西洋世界の人々の非資本主義的な生活文化の実態を正しく捉えることができていないことであった。

東南アジアの農村でのこの体験は、彼の研究の方向性を根本から変えた。リール大学に教職を得てからは、開発の実務の世界から一歩距離を置き、西洋近代において誕生した経済発展や進歩の思想を相対化する独自の文化理論の構築に専念することになる。まさに、西洋中心主義的なものの見方に囚われていた自己の思考法を「脱植民地化」する研究活動が始まったのである。その端緒となる試みは、リール大学での講義内容をまとめた『エピステモロジーとエコノミー』(*Epistémologie et économie*, Paris, Anthropos, 1973) という著作に既に現れている。

一九八〇年代以降は、これまで行ってきた理論研究の成果を応用し、現実に起こっている開発・グローバル化を批判的に検証する著作を刊行する。『開発は拒否すべきか?』(*Faut-il refuser le développement*, Paris, PUF, 1986) では、開発という観念がヘレニズム・ユダヤ・キリスト教文化に由来する西洋文明のパラダイムに深く根差しており、西洋世界を優れたもの、非西洋世界を劣ったものと価値づける特殊な世界像を人々の無意識に植え付ける働きをもつことが明らかにされている。さらに、開発という観念が普遍化する過程で、諸文化の自律性が破壊されることへの懸念が述べられている。

著者の開発パラダイム批判は、続く『世界の西洋化』(*L'occidentalisation du monde*, Paris, La découverte, 1989) において人類史的視座から論じ直される。同書で彼は「世界の西洋化」という大胆かつ論争的な主張を行い、ヨーロッパ植民地主義から戦後の国際開発政策、そして消費社会のグローバル化へといたる歴史的過程を、西洋近代の科学・技術・経済および進歩の思想によって人類の想念が「植民地化」されていく過程として分析する。グローバル化を西洋化と同一視する著者の見解は、非西洋世界における近代性の多様な受容のされ方を単純化しているという問題点があるものの、西洋近代の覇権が脱植民地化した諸社会の社会的想念に与える(精神分析学的な意味での)抑圧的側面をうまく捉えている。また、同書の最終章では、行き過ぎた西洋化に対して原理主義的な反近代主義運動やテロリズムが生じる可能性を指摘するなど、現代世界が直面する問題を先取りする鋭い視点も入っている。

ところでこの時期、著者は社会批評家イヴァン・イリイチとその仲間たちが集う研究会にも参加するようになる。この研究会は、開発の時代を彩る様々な語彙を批判的に検証する辞典『脱「開発」の時代』（Wolfgang Sachs, ed., *The Development Dictionary*, London : Zed-Books, 1992）を出版すると同時に、開発の時代を乗り越えた新たな時代（脱開発時代）を構想する国際会議を定期的に開催し、ネットワークを拡大していった。

その過程でラトゥーシュ自身も脱開発について考察を深めていく。著者は一九九〇年代に『遭難者たちの惑星』（*La planète des naufragés*, Paris, La Découverte, 1991）と『他のアフリカ――贈与と市場の狭間で』（*L'autre Afrique entre don et marché*, Paris, Albin-Michel, 1998）という二冊の研究書を発表する。両作品では著者のフィールドである西アフリカ諸国のインフォーマル経済の事例が詳細に研究されており、開発政策から排除された都市スラムや農村の民衆が、コミュニティの社会関係資本を駆使して独自の生存戦略を発展させる創意工夫と、それを支える贈与と互酬性の原理が脱開発の源泉として評価されている。

2-2　脱成長の提唱者として

二十一世紀入り、著者の関心はエコロジーの問題へと接近していく。二〇〇二年にパリのユネスコ本部で開催された国際会議「開発の解体、世界の再生」において、開発とグローバル化が引き起こす文化の多様性の破壊と地球環境破壊を同時に解決していく道として、先進国の「脱成長（décroissance）」を提案する。

本書で詳述されているように、当初、脱成長という言葉は「持続可能な開発」の持つ曖昧さを批判する目的で提案された。持続可能な開発はアクターの立場によって様々な解釈を許すプラスチック・ワードであり、グローバル企業の影響を受ける国際開発体制の意思決定の現場では、地球環境よりも経済成長の持続可能性を優先させる言説が常に主流となっている。この趨勢に対抗し、経済成長イデオロギーを打ち砕くスローガンとして脱成長は導入された。

以後、脱成長というスローガンは南ヨーロッパのエコロジー運動を中心に広がっていった。ジョセ・ボヴェ、ピエール・ラビ、イタリアのスローフード運動などがこの言葉を積極的に語り始め、二〇〇四年からはリヨンに拠点を置く市民アソシエーションによって隔月誌『脱成長』（後に月刊誌となる）が刊行されるようになった。フランスやイタリアでは、脱成長を推進する地方政党も設立され、グローバル化に抵抗する左派の市民運動ネットワークに新たな論点を提供することに貢献した。

市民社会に運動が浸透していく中、著者は脱成長の学術的議論を深めることに専心した。パリの千夜一夜書房（Mille et une nuits）から脱成長に関する啓蒙書を数冊刊行するほか、リヨンのパランゴン書房（Parangon）と協力して理論研究のための学術誌『エントロピア（*ENTROPIA*）』を年二回刊行（二〇〇六―二〇一四年）した。著者の主著は各国語に翻訳され、フランス、イタリア、スペインなどのラテン語圏ヨーロッパだけでなく、ギリシア、ルーマニア、チュニジア、モロッコ、メキシコ、日本などでも講演活動を行った。

今日、脱成長は世界各地の研究者の関心を集めている。二〇〇八年以降「脱成長に関する国際会議」が二年に一回のペースで開催され、国際的な学術誌（*Ecological Economics*, *Journal of Cleaner Production* など）において活発な議論が進んでいる。脱成長は、環境経済学、政治理論、哲学、コミュニティ・スタディーズ、都市デザインなど多岐にわたる分野で研究対象となり、理論研究と実証研究が進んでいる。

近年、ラトゥーシュは脱成長の思想文化をグローバル思想史の中から再発見・再評価することに専念している。二〇一二年からは自身の監修で「脱成長の先駆者」という新書シリーズを **le Passager clandestin** 社から出版しており、経済成長イデオロギーに囚われない自律社会を創るヒントを次世代に残すことに努めている。

3　本書の特徴

ラトゥーシュの著作は過去に数冊翻訳出版されているが、それらはいずれも二〇〇八年の世界金融危機前後に書かれたものである。[1] それから十年余りが経過し、世界はこれまで以上に激動の時代を迎え

1　『経済成長なき社会発展は可能か？——〈脱成長〉と〈ポスト開発〉の経済学』（拙訳、作品社、二〇一〇年）、

ている。特筆すべきは、所得の不平等の悪化と地球環境破壊が加速化し、それらに対する地球市民社会の抵抗運動が激化している点である。

世界金融危機の教訓にも関わらず、先進国の各国政府は、グローバル化の方向転換も世界経済の不公正の是正も行うことなく、大企業の利権を優先させる今まで通りの経済政策（ビジネス・アズ・ユージュアル）を繰り返してきた。その結果、何が起こったか。先進諸国国内の不平等は米国・英国を筆頭に拡大し、社会の分断は一層深刻化した。気候変動に対する国際的取り組みは大企業や各国政府の利害対立を乗り越えられず、地球サミットは形骸化し、パリ協定も多くの妥協を残したまま批准された。二〇一五年に国連で採択された持続可能な開発目標（SDGs）は、過去の開発政策における新自由主義の影響の抜本的批判を欠いたまま、百花繚乱の開発目標を並べ立てている。

民衆の間で既成権力に対する不信が高まり、左右両派のポピュリズム運動が台頭した。右派ポピュリズムは、移民・難民に対する排外主義や人種的・性的少数者に対するヘイト・スピーチを展開し、米国、英国、ハンガリーなどではナショナリズムを掲げる権威主義的政治体制が誕生した。他方で左派ポピュリズムは、二〇一一年三月のM-15運動（スペイン）、同年九月のウォールストリート占拠運動（米国）をはじめ、不平等社会の是正を訴え続けてきた。そして二〇一八年十一月、本書の著者が暮らすフランスでは黄色いベスト運動が起こり、不平等と貧困への配慮を欠いた仏政府の環境政策に対する大規模な異議申し立てが一年近くにわたって繰り広げられた。

フランスの脱成長運動は、黄色いベスト運動や二〇一八年八月に始まった世界の高校生たちによるFridays For Future（未来のための金曜日）運動に連帯を示しながら、環境正義と社会正義を両立させる社会変革の必要性を訴えている。本書はそのような背景の中で、脱成長社会への移行を実現するための諸条件を提示している。

本書の論点は既刊の訳書と重なる点が多々あるが、議論の内容と質は大きく前進している。特に、脱成長を「経済成長社会から抜け出す」という否定の側面からだけでなく、「節度ある豊かさ（abondance frugale）」という創造すべきプラスの価値の側からも定義している点がそうだ。「節度ある豊かさ」は、イリイチの「自立共生（コンヴィヴィアリティ）」と共振する概念であり、消費社会への依存を減らすことで万人が自律的かつ協働的に生活できる社会の在り方を指している。さらに、節度ある豊かな社会の基盤として、自己制御の倫理、コモンズの再構築、自立共生的な道具によるローカル経済の再創造、有機農業や再生可能エネルギーによる地域循環型経済の構築が提案されている。

第四章第四節で脱成長の先駆者が網羅的に紹介されているが、これは世界の反生産力至上主義の思想

『〈脱成長〉は、世界を変えられるか?――贈与・幸福・自律の新たな社会へ』（拙訳、作品社、二〇一三年）、『脱成長（ダウンシフト）のとき――人間らしい時間をとりもどすために』（ディディエ・アルパジェスとの共著、佐藤直樹・佐藤薫訳、未來社、二〇一四年）

史に精通している著者だからこそできる貢献である。また、第五章では芸術の役割が重視されているが、これは今後、多くの研究者やアーティスト自身の手によってさらなる発展が期待されるテーマである。何よりも本書全体を通じて、脱成長が「諸文化の民主主義」を目指す道であり、そのために「我々自身の脱西洋化」の必要性が主張されている点が、著者の思想の一貫したメッセージとして前面に現れている。

4　おわりに

さて、これまで精力的に脱成長運動を普及する活動を続けてきたラトゥーシュだが、齢八十歳に達し、活動のペースを落として毎日を過ごしているようである。今夏にメールで近況を交わした際も、「老いはどうにもならない」と一言返事を受け取った。彼の著作の長年のファンとして、また弟子として、少し寂しい気持ちにもなったが、六十年近くにわたって第一線で活躍してきたことを考えると、もう十分すぎるだろう。今はただ、感謝の気持ちと共に、この訳書の完成を著者と喜びたい。

サン＝テグジュペリの『人間の土地』には、地中海の農夫が死ぬときに子供たちにオリーブの木を残す場面が語られている。木を残した農夫は、半分死なない。その生命は、残した木となって世代から世代へと受け継がれてゆく。人は生きていく中で、そのような世代の変わり目に接することがある。そこから人生の有限性を意識し、先達から受け継いだものを次世代へと残すことを考え始める。この本は訳者にとって、そのような重みをもつ一冊になるかもしれない、そのような思いで翻訳を進めていった。本書が多くの読者に有意義な時間を与えてくれることを願っている。

最後に、この訳書を今春他界した父・中野佳和に捧げる。我が家は周防灘を臨む小さな半島で、江戸時代末期から和菓子屋を営んできた。家業は父の代で閉じることとなったが、私は、日々黙々と和菓子を作る父の姿から伝統技術の奥深さを知り、父との会話を通じて郷里の自然の読み方や集落の歴史を学んでいった。父は、私の研究活動の一番の理解者だった。父が残してくれたオリーブの木は、私の文化的ルーツそのものである。このルーツの感覚がなければ、ラトゥーシュの著作と出会うこともなかっただろう。本書を父との思い出に捧げ、感謝の言葉に代えたい。

中野佳裕

二〇二〇年九月七日

訳者略歴
中野佳裕(なかの よしひろ)
PhD（英サセックス大学)。専門は社会哲学、開発学、平和研究。2011年4月から2018年3月まで国際基督教大学社会科学研究所(ICU SSRI)の助手・研究員として勤務。明治学院大学国際平和研究所(PRIME)研究員、上智大学グローバルコンサーン研究所(IGC)客員所員も兼任。2018年4月より早稲田大学地域・地域間研究機構(ORIS)次席研究員／研究院講師。

単著に『カタツムリの知恵と脱成長――貧しさと豊かさについての変奏曲』(コモンズ、2017年)、共編著に『21世紀の豊かさ――経済を変え、真の民主主義を創るために』(コモンズ、2016年)、共著に『21世紀の左派――北と南の対話へ向けて』(ジャン=ルイ・ラヴィル、ホセ・ルイス・コラッジオ編、スペイン語、2014年／フランス語、2016年)、『脱成長の道――分かち合いの社会を創る』(勝俣誠、マルク・アンベール編著、コモンズ、2011年)など。

訳書にステファーノ・バルトリーニ『幸せのマニフェスト――消費社会から関係の豊かな社会へ』(コモンズ、2018年)、セルジュ・ラトゥーシュ著『〈脱成長〉は、世界を変えられるか？――贈与・幸福・自律の新たな社会へ』(作品社、2013年)、ジャン=ルイ・ラヴィル編『連帯経済――その国際的射程』(北島健一・鈴木岳との共訳、生活書院、2012年)、セルジュ・ラトゥーシュ著『経済成長なき社会発展は可能か？――〈脱成長〉と〈ポスト開発〉の経済学』(作品社、2010年)など。

詳細はウェブページhttp://postcapitalism.jp/index/

参考文献

Araud Christian, *La Décroissance ou le Chaos. Parcours d'un consultant international*, Lyon, Le Pédalo ivre, 2012.

——, *Vers une société désirable. La décroissance ou comment éviter l'inéluctable*, Paris, Libre et solidaire, 2014.

Ariès Paul, *Décroissance ou barbarie*, Villeurbanne, Golias, 2005.

——, *Le Mésusage. Essai sur l'hypercapitalisme*, Lyon, Parangon/Vs, 2007.

Bayon Denis, Flipo Fabrice, Schneider François, *La Décroissance. 10 questions pour comprendre et en débattre*, Paris, La Découverte, 2010.

Benoist (de) Alain, *Demain, la décroissance! Penser l'écologie jusqu'au bout*, Paris, Edite, 2007.

Besson-Girard Jean-Claude, *Decrescendo cantabile*, Lyon, Parangon/Vs, 2005.

Cheynet Vincent, *Le Choc de la décroissance*, Paris, Seuil, 2008.

D'Alisa Giacomo, Demaria Federico, Kallis Giorgos (coord.), *Décroisssance. Vocabulaire pour une nouvelle ère*, Neuvy-en-Champagne, Le Passager clandestin, 2015.

Décroissance (La), *Le progrès m'a tuer* [*sic*]. *Leur écologie et la nôtre*, Vierzon et Paris, Le Pas de côté et L'échappée, 2016.

Durand Frédéric, *La Décroissance, rejet ou projets ?*, Paris, Ellipses, 2008.

Duverger Timothée, *La Décroissance, une idée pour demain. Une alternative au capitalisme. Synthèse des mouvements*, Paris, Sang de la Terre, 2011.

Flipo Fabrice, *Décroissance, ici et maintenant !*, Neuvy-en-Champagne, Le Passager clandestin, 2017.

Georgescu-Roegen Nicholas, *La Décroissance. Entropie, écologie, économie*, trad. J. Grinevald et I. Rens, Paris, Sang de la Terre, 1995.

Guibert Bernard (dir.), *Antiproductivisme, altermondialisme,*

décroissance, Lyon, Parangon/Vs, 2006.

Harpages Didier, *Questions sur la croissance. Mythes et perversités*, Paris, Sang de la Terre, 2012.

Lavignotte Stéphane, *La décroissance est-elle souhaitable ?*, Paris, Textuel, 2009.

Legros Bernard et Cornil Jean, *La Pertinence de l'escargot*, Paris, Sang de la Terre, 2013.

Legros Bernard et Deplanque Jean-Noël, *L'Enseignement face à l'urgence écologique*, Bruxelles, Aden, 2009.

Lepesant Michel, *Politique(s) de la décroissance. Propositions idéologiques pour penser et faire la transition*, Paris, Utopia, 2013.

Mylondo Baptiste, *Pour une politique de la décroissance*, Villeurbanne, Golias, 2007.

Pallante Maurizio, *La Décroissance heureuse. La qualité de la vie ne dépend pas du PIB*, Namur, Nature et Progrès, 2011.

Ridoux Nicolas, *La Décroissance pour tous*, Lyon, Parangon/Vs, 2006.

Rist Gilbert, *La Tragédie de la croissance*, Paris, Les Presses de Sciences Po, 2018.

Silence, *Objectif décroissance »*, Paris, Parangon, 2003.

Tertrais Jean-Pierre, *Du développement à la décroissance. De la nécessité de sortir de l'impasse suicidaire du capitalisme*, Paris, Éditions du Monde libertaire, 2004 ; rééd. revue et augmentée, 2006.

Thiessey Pierre *et alii*, *Aux origines de la décroissance*, Paris, Vierzon et Montréal, L'Échappée, Le Pas de côté et Écosociété, 2017.

文庫クセジュ　Q 1040

脱成長

2020年11月20日　第1刷発行
2021年 2 月25日　第3刷発行

著　者　セルジュ・ラトゥーシュ
訳　者 Ⓒ 中野佳裕
発行者　及川直志
印　刷　株式会社平河工業社
製　本　加瀬製本
発行所　株式会社白水社
東京都千代田区神田小川町 3 の 24
電話　営業部　03(3291)7811 / 編集部　03(3291)7821
振替　00190-5-33228
郵便番号　101-0052
www.hakusuisha.co.jp

乱丁・落丁本は、送料小社負担にてお取り替えいたします。

ISBN978-4-560-51040-7

Printed in Japan

文庫クセジュ

社会科学

357 売春の社会学
396 性関係の歴史
483 社会学の方法
616 中国人の生活
654 女性の権利
693 国際人道法
717 第三世界
740 フェミニズムの世界史
744 社会学の言語
746 労働法
786 ジャーナリストの倫理
787 象徴系の政治学
824 トクヴィル
845 ヨーロッパの超特急
847 エスニシティの社会学
887 ＮＧＯと人道支援活動
888 世界遺産
893 インターポール
894 フーリガンの社会学
899 拡大ヨーロッパ
917 教育の歴史
919 世界最大デジタル映像アーカイブ ＩＮＡ
926 テロリズム
936 フランスにおける脱宗教性《ライシテ》の歴史
940 大学の歴史
946 医療制度改革
957 ＤＮＡと犯罪捜査
994 世界のなかのライシテ
1010 モラル・ハラスメント
1025 100語ではじめる社会学
1039 100語でわかるＢＯＢＯ（ブルジョワ・ボヘミアン）
1040 脱成長